JN222430

私撰書
考古論稿目録
—記念誌・研究書等—

✝

利部 修 編

秋田文化出版

装幀　利部修・石井玲子

利部修の原図を基に石井玲子が制作。
駒澤大学（紫）と立正大学（緑）のカラーを基調に、
石器・埴輪・金属器により悠久な歴史をイメージ。

序文

利部　修

　どの学問も一つの論稿を究めるには、詳細は別として研究史を辿るのが前提である。研究の深化に伴って増え続ける論稿、これに対処するため、テーマ毎に目録を作成するのが理想であろう。

　考古学を専攻している筆者も、地域史の視点で「秋田県考古学関係文献抄録（1）―須恵器・瓦―」（1999）から「同（10）―秋田城跡・払田柵跡―」（2010）にかけて、それを試みたことがある。

　約10年間に10のテーマで収集したものの、労多くして得られた成果は少ない思いがある。各テーマは、すでに10～20数年が経過しており上積みできる基礎資料として役立つだろうが、理想を求めて将来に亘り一人で継続させるには途轍もない困難が付き纏う。

　一般的な目録作成は、雑誌等の号数を区切って、つまり原典を手元に置き易い環境で作業するため完成の目処が立つ。或いは収集期間限定の作業は、一定の目安が立つように制限を強く加えるため、内容は兎も角完成度が高い。例えば、近年の『季刊考古学』（雄山閣）における「報告書・会誌新刊一覧」は、一年を4期間に区切り主として論稿を紹介するが、その最新情報を売りにしている。目録作成と言っても、多様な在

り方が存在するのである。

　以上を念頭に置いて纏めたのが本書である。テーマを決めて論稿を集録するのではなく、読者の必要性から論稿を拾い上げて貰う、筆者が以前実践した作業とは逆の発想で作成している。それにしても、記念誌や研究書等に寄稿する機会は、一般的にそれ程多くは望めない。幸いにも筆者は、駒澤大学と立正大学で考古学に携わり、先生や先輩・多くの知友を得ることができた。また地元秋田での繋がりもあり、比較的多くの記念誌やその他の研究書に拙文を加えさせて頂いた経緯がある。

　本書は、数多い考古学関連書籍の中でも筆者が寄稿した書籍だけを取り上げ、その目録を集録したものである。表題に「私撰書」と記したことを諒とされたい。当然の如く、今から約35年遡った時点から本年までの時限付きである。しかし、論稿の扱っている時代は旧石器から近・現代、対象地域は国内に限らず海外にも及んでおり、学域の裾野は大きく広がっている。

　多くの研究者が、論稿やそれに用いている文献から、研究史を深めてもらうことを切に願っている。

　最後に、推薦文を寄せて頂いた立正大学時枝務教授に対して厚くお礼申し上げます。

例　言

利部　修

1　本書は、筆者が寄稿した記念誌及び研究書を主体に、考古学に関連した論稿の目録を作成したものである。

2　書籍は掲載順にアルファベットで表記し索引とした。

3　書籍毎その内容が把握できるように、刊行元と体裁（記載方向・判の大きさ・頁数、刊行年月）を加えてある。また表題の補足内容は〈　〉で括り、本文中で筆者が補った箇所には（　）を付した場合もある。

4　書籍の論稿は「論題－副題－」で表記し、書籍毎に算用数字の連番を付した。論稿前後の項目も併せて掲載した。各論稿には、頁数を書き込む分量の枠を設け立体化を図った。なお、空欄にはハイフンを入れてある。

5　論稿を掲載した書籍は、平成2年（1990）〜令和6年（2024）までの45冊で、以下に書籍名を掲載する。
A：『歴史考古学の問題点』、B：『考古学の諸相』、C：『生産の考古学』、D：『古代の土師器生産と焼成遺構』、E：『列島の考古学』、F：『出土仏具の世界』、G：『関俊彦先生還暦記念論集』、H：『地域考古学の展開』、I：『出羽の古墳時代』、J：『北方世界からの視点』、K：『歴史智の構想』、L：『考古学の諸相Ⅱ』、M：『考古学論究』第11号、N：『陶磁器の社会史』、O：『考古学の深層』、P：『古代東北・北海道におけ

るモノ・ヒト・文化交流の研究』、Q：『列島の考古学Ⅱ』、R：
『生産の考古学Ⅱ』、S：『古代窯業の基礎研究』、T：『北方
世界の考古学』、U：『芙蓉峰の考古学』、V：『旃檀林の考
古学』、W：『前九年・後三年合戦』、X：『古代由理柵の研究』、
Y：『考古学の諸相Ⅲ』、Z：『中華文明の考古学』、2A：『駒
沢史学』第82号、2B：『石造文化財』6、2C『駒澤考古』第
40号、2D：『考古学の諸相Ⅳ』、2E：『生産の考古学Ⅲ』、
2F：『芙蓉峰の考古学Ⅱ』、2G：『考古学論究』第21号、
2H：『由理柵はどこに』、2I：『しんぺい牧場の仲間たち』、
2J：『考古学論究』第22号、2K：『やぁ君たち奇遇ですなぁ』、
2L：『旃檀林の考古学Ⅱ』、2M：『考古学論究』第23号、
2N：『古代東北の城柵・官衙遺跡』、2O：『列島の考古学Ⅲ』、
2P：『東北中世の城』、2Q：『駒澤考古』第49号、2R：『史峰』
第52号、2S：『秋大史學』70

6　掲載論考の集録数は、1837編である。

7　本書末尾に、附編として自身の著作を一覧にしてある。

8　本書の編集は利部修が行った。

目　次

A	『歴史考古学の問題点』		
	〈坂詰秀一編〉　近藤出版社　縦書・四六判・450頁　1990・5		
一	著　者	項　目	分量
歴史考古学の問題点			
一	坂詰秀一	（図版1）	1
一	坂詰秀一	（図版2）	1
一	坂詰秀一	（図版3）	1
一	坂詰秀一	（図版4）	1
一	坂詰秀一	はしがき	2
一	坂詰秀一	目　次	10
番号	著　者	論　題　－副題－	分量
I　歴史考古学への招待			
1	坂詰秀一	1　歴史考古学とは	3
2	坂詰秀一	2　金石文と出土文字	2
II　宮都と官衙			
3	小山田和夫	1　古代都宮	11
4	似内啓邦	2　古代城柵	8
一	一	3　地方官衙	一
5	真田廣幸	国府 －伯耆国衙を中心として－	10
6	向田裕始	郡家	7
7	佐藤安平	4　幕府	6
III　居館と城郭			
8	駒田利治	1　中世城館	8
9	諏訪間順	2　近世城郭	8
10	加藤邦雄	3　チャシ	6
11	内間　靖	4　グスク	6
IV　都市・集落と生活			
12	渋谷忠章	1　荘園と型	6

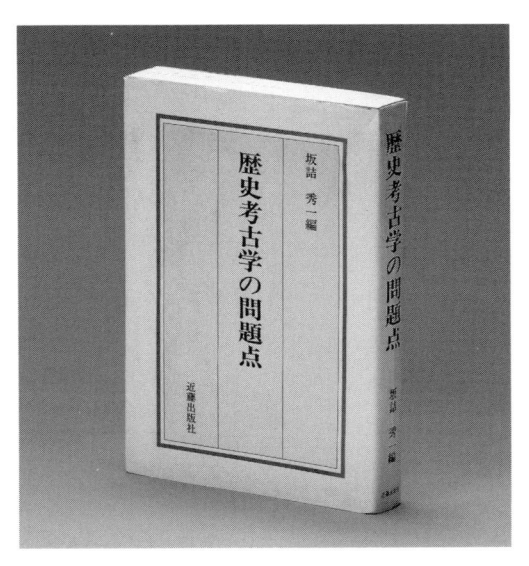

A　『歴史考古学の問題点』

B	『考古学の諸相』〈坂詰秀一先生還暦記念〉 坂詰秀一先生還暦記念会　縦書・A5判・978頁　1996・1		
一	著　者	項　目	分量
	坂詰秀一先生還暦記念論文集　考古学の諸相		
一	坂詰秀一先生 還暦記念会	坂詰秀一先生近影	1
一	関　俊彦	先生の御恩に感謝して	2
一	坂詰秀一	立正考古学　1930〜59	10
一	坂詰秀一先生 還暦記念会	目　次	5
番号	著　者	論題　一副題一	分量
	第Ⅰ部		
1	関　俊彦	カリフォルニア先住民の文化域と環境	24
2	米沢容一	台湾・ヤミ族の伝承と蘭嶼の遺跡 ―イモルル村を中心として―	26
3	吉田博嗣	中国の青銅製鉞について	16
4	枡本　哲	南シベリア・ユストイド古墳群出土の海獣蒲萄鏡	18
5	磯部武男	考古学よりみた宗教の起源	15
6	北郷泰道	1970年代の考古学 ―日本考古学協会解体闘争とその周辺―	10
	第Ⅱ部		
7	渋谷忠章	大分県における中世墳墓の展開	20
8	唐澤至朗	日想観をめぐる一考察 ―分骨葬の遺跡立地に関する覚え書き―	8
9	小林康幸	東日本における中世瓦生産 ―平窯構造の瓦窯跡を中心として―	18
10	斎木　勝	関東北西部における五輪塔造立の様相	26
11	松原典明	下野・五輪塔考	12
12	水澤幸一	中世越後の鉦鼓	22
13	河西克造	東日本における中世山城の検討	21
14	工藤竹久	陸奥・根城跡出土の私鋳銭	16

15	是光吉基	備後国尾道石工の研究 ―特に山根（屋）系の石工について―	12
16	乾　芳宏	アイヌ文化の地域性について ―その起源についての一考察―	16
17	和田好史	肥後・人吉城跡出土の陶磁器	12
18	野村幸希	近世富士塚碑銘考	12
19	鈴木一男	湘南地方における赤煉瓦・耐火煉瓦と産業考古学	24
20	國見　徹	鉄道が遺した器 ―東海道線国府津駅周辺の汽車土瓶を追って―	16
		第Ⅲ部	
21	阪田正一	古代房総の民衆と仏教文化	28
22	八木光則	蕨手刀の変遷と性格	22
23	高橋史朗	武蔵国寺谷廃寺についての一考察 ―古瓦を中心として―	18
24	乾　哲也	和泉・万町北遺跡の陶硯	15
25	廣田佳久	土佐国衙跡の調査研究の現状と課題	18
26	小林昭彦	九州における古代瓦窯の展開	20
27	池田善文	古代産銅地考	24
28	利部　修	北日本の須恵器についての一考察	20
29	眞田廣幸	伯耆国・広瀬廃寺の検討	10
30	遠藤政孝	武蔵・南多摩窯跡群における窯体構造の変遷 ―御殿山支群八王子市南部地区を中心として―	11
31	山川公見子	北部九州地方における経筒の一形態 ―積上式経筒について―	20
32	時枝　務	伊勢・小町塚出土光背の施文技法	18
33	岡本桂典	土佐国横倉山の信仰遺物	18
		第Ⅳ部	
34	池上　悟	古墳時代の石製の環状柄頭 ―マンロー・コレクション中の石製品若干―	16
35	宮本達希	伊豆半島の方形周溝墓―古墳時代を中心にして―	16
36	石井隆博	安芸・三ッ城古墳の築造企画―安芸地方最大の前方後円墳の築造企画とその意義―	19

37	藤田直也 板橋正幸	関東地方における異形器台形土器の展開	33
38	坂本美夫	剣菱形杏葉類の分布とその背景	25
39	大谷　徹	常陸・八幡山古墳出土遺物の検討 ―銅鋺及び頭椎柄頭を中心として―	16
40	上野恵司	東国古墳の石室にみる出雲の影響	20
41	近野正幸	後期古墳石室内における多数埋葬 ―岐阜県大垣市花岡山古墳群における事例の再検討を通して―	26
42	小高幸男	上総・小規模古墳の築造企画 ―千葉県君津市所在の福岡第15号墳―	7
43	池邊千太郎	九州における初期横穴墓と地下式横穴墓	20
44	高橋　潤	津軽地方の終末期古墳について	11
45	大竹憲治	標葉・清戸廹Ａ群7号横穴墓線刻画にみる渾脱の舞	11
46	笹川龍一	讃岐・丸亀平野の古墳壁画	14
	第Ｖ部		
47	佐藤由紀男	縄文・弥生変換期の壺形土器	22
48	釼持輝久	三浦半島海蝕洞穴遺跡出土のイノシシ ―弥生時代中期～古墳時代前期における事例分析―	16
49	米田耕之助	縄文時代の絵画	15
50	藤田富士夫	縄文時代の類モノサシ ―新潟県清水上遺跡をテーマとして―	12
51	野代幸和	山梨県出土の縄文土器にみる彩色土器をめぐって ―縄文時代前期後半にみられる有孔土器を中心に―	6
52	村田文夫	縄文前期浅鉢形土器出現期の様相 ―古東京湾地域における若干の資料から―	24
53	金子浩之	伊豆地方における縄文時代中期後半の粗製土器	15
54	駒形敏朗	新潟県長岡市中道遺跡出土の土偶	7
55	森下哲哉	鳥取県の縄文時代住居址―後期・晩期を中心に―	9
56	宮田栄二	南九州における細石刃文化終末期の様相	18
―	著　者	項　目	分量
―	池上　悟	あとがき	2

B　『考古学の諸相』〈坂詰秀一先生還暦記念〉

一	坂詰秀一先生還暦記念会	執筆者一覧（執筆順）	4
別冊	『坂詰秀一先生年譜（抄）・著作目録』〈坂詰秀一先生還暦記念会〉 縦書・A5判・82頁　1996・1		

B　『考古学の諸相』〈坂詰秀一先生還暦記念〉

15	國平健三	相模型坏の出現過程と製作工程について	10
16	田中清美	房総における墨書土器の発生について	8
17	利部　修	平安時代東北の長頸瓶	8
18	渡辺博人	美濃須衛窯における平安・鎌倉時代の様相	11
19	右代啓視	オホーツク文化集団の移動パターン	10
20	小松正夫	中世秋田城の行方 ―高清水岡の考古学的知見から―	10
21	松田直則	高知県吾南平野の中世城郭	8
22	尾崎光伸	広島県太田川流域の中世城館遺跡 ―恵下山城跡・地蔵堂山城跡の再検討と地域史への位置付けの試み―	9
23	荻野繁春	中世須恵器終末の一断面 ―東播焼の場合―	16
24	後藤健一	競合の構造 ―渥美・湖西中世窯の軌跡―	17
25	松井孝宗	陶丸小考 ―消費遺跡出土例をめぐって―	10
26	村上伸之	日本磁器の創始を再考する	8
27	小澤一弘	尾張徳川家横須賀御殿の御庭焼について	9
28	森原明廣	山間部集落における近世墓壙群のあり方 ―山梨・塩川遺跡の事例から―	10
29	仲野泰裕	駄知土瓶の生産と消費について	12
30	國見　徹	已往の形 ―汽車土瓶終末期の一様相―	10
31	今井惠昭	民家の間取りと水稲農耕	10
32	飯島武次	西周時代都城遺跡の問題点	10
33	千葉基次	古式の遼寧式銅剣 ―遼東青銅器文化考・2―	8
34	鈴木裕子	製作技法からみたタイ陶器の流れ ―大皿を中心に―	8
―	著　者	項　目	分量
―	倉田芳郎先生 古稀記念会	執筆者一覧（五十音順） （1.駒沢大学卒業生　2.最終学歴　3.現職の順）	2

C 『生産の考古学』〈倉田芳郎先生古稀記念〉

D	『古代の土師器生産と焼成遺構』 真陽社　横書・A4判・385頁　1997・5		
一	著　者	項　目	分量
		古代の土師器生産と焼成遺構	
一	窯跡研究会	図版1　九州の土師器焼成坑・窯	1
一	窯跡研究会	図版2　近畿以西の土師器焼成坑・窯、埴輪焼成坑	1
一	窯跡研究会	図版3　兵庫県法鑑遺跡	1
一	窯跡研究会	図版4　東海の土師器焼成坑1	1
一	窯跡研究会	図版5　東海の土師器焼成坑2	1
一	窯跡研究会	図版6　北陸の土師器焼成坑1	1
一	窯跡研究会	図版7　北陸の土師器焼成坑2	1
一	窯跡研究会	図版8　信濃の土師器焼成坑	1
一	窯跡研究会	図版9　関東西部の土師器焼成遺構	1
一	窯跡研究会	図版10　関東東部の土師器焼成坑	1
一	窯跡研究会	図版11　東北西部の土師器焼成坑	1
一	窯跡研究会	図版12　東北東部の土師器焼成坑1	1
一	窯跡研究会	図版13　東北東部の土師器焼成坑2	1
一	窯跡研究会	図版14　土師器の焼成方法 ―二つの「覆焼き」―	1
一	窯跡研究会	図版15　弥生時代の焼成土坑	1
一	窯跡研究会	図版16　桶窯の民俗例	1
一	森内秀造	序　文	1
一	望月精司 木立雅朗	凡　例	1
一	窯跡研究会	目　次	1
番号	著　者	論　題　―副題―	分量
1	徳澤啓一	序章　土師器焼成遺構の研究の現状と展望	18
一	一	第1章　土師器焼成坑の定義と型式分類	一
2	木立雅朗	第1節　土師器焼成坑を定義するために	7
3	望月精司	第2節　土師器焼成坑の分類	16

23	木立雅朗	第9節　桶窯の民俗例 ―煙管状窯の焼成技術復元に向けての基礎作業―	21
24	望月精司 木立雅朗	第4章　まとめにかえて	9
―	著　者	項　目	分量
―	上村安生	あとがき	1
―	窯跡研究会	窯跡研究会のあゆみ、他	1
―	窯跡研究会	執筆者紹介　アイウエオ順（氏名・勤務先・勤務先住所）	1

D　『古代の土師器生産と焼成遺構』

E	『列島の考古学』〈渡辺誠先生還暦記念論集〉
	渡辺誠先生還暦記念論集刊行会　横書・B5判・848頁　1998・2

―	著　者	項　目	分量
		列島の考古学　渡辺誠先生還暦記念論集	
―	菅原文也	献呈の辞	1
―	渡辺誠先生還暦記念論集刊行会	（目　次）	3

番号	著　者	論　題　―副題―	分量
		列島の考古学	
1	種市幸生	キテをめぐる諸問題（前編） ―雌型銛頭の分類について―	11
2	乾　芳宏	恵山文化の北方伝播について	19
3	利部　修	秋田県岩瀬遺跡における草創期の石器群	19
4	佐藤正彦	門前貝塚における配石遺構の遺物の出土状況について ―弓矢状配石を中心に―	16
5	稲野裕介	亀ヶ岡文化における岩偶（1）	10
6	熊谷　賢	岩手県における骨角筈について ―その分布と時間的推移―	20
7	高橋與右衛門	竪穴住居の柱穴位置から見た設計行為に関する素描 ―膳性遺跡検出の竪穴住居の場合―	19
8	中野拓大	東北地方における土器の定着 ―いわゆる「薄手無文土器」の検討―	13
9	坂本和也	原始絵画小考―縄文時代の線刻絵画を中心に―	10
10	角田　学	中空土偶小考	13
11	鈴木　源	弥生時代の蓋形土器―東北南部資料を中心として―	9
12	大竹憲治	弥生時代中期住居跡内にみる長楕円形土坑の性格 ―森ノ内B遺跡の事例を中心に―	8
13	野崎欽五	伊勢林前式土器再考	11
14	菅原文也	いわき市中田装飾横穴墓における構造と図文についての検討 ―特に、後室周壁の盲孔と三角文について―	8
15	鯨岡勝成	『美術漫評』に見る筠軒所蔵の伝・楠公金鈴の持つ意義	8

16	瓦吹　堅	茨城県の大珠	21
17	鈴木裕芳	茨城県久慈川流域における前期・中期古墳の動向	16
18	樫村宣行	「常総型甕」編年小考 ―茨城県南部を中心として―	10
19	吹野富美夫	常陸南部における古墳時代後期の土器様相	10
20	岩淵一夫	縄文時代の習俗と儀礼 ―栃木県藤岡神社遺跡の調査事例から―	13
21	上野修一	縄文時代の北関東・東北地方南部における有溝土錘について ―栃木県藤岡町後藤遺跡出土資料の評価をめぐって―	12
22	谷藤保彦	土製耳飾り研究の視点	20
23	諏訪間順	相模野台地におけるAT降灰前後の石器石材について	15
24	戸田哲也	南西関東における加曽利E式末期の土器様相	18
25	山本暉久	柄鏡形（敷石）住居と廃屋儀礼 ―環礫方形配石と周堤礫―	18
26	鈴木一男	弥生時代焼失住居の一例 ―構造と空間を探る―	13
27	村田文夫	神奈川県・王禅寺白山横穴墓線刻画考 ―自由画風線刻画で演出された冥界の一考察―	21
28	明石　新	大住郡の集落の様相（上） ―相模大住国府を理解するために―	23
29	小野正文	縄文中期の人体形象文について	14
30	長沢宏昌	縄文時代遺跡出土の球根類とそのオコゲ	19
31	澁谷昌彦	「踊る」・「抱える」・「平伏す」土器 ―半人半蛙文・半人半蛇文・半人半鳥文―	21
32	大貫英明	炉形態の変遷からみた勝坂文化	13
33	長谷川豊	縄文時代における狩猟犬の研究 ―その機能的側面について―	18
34	岡本孝之	近畿の白河型石器とその考古学的意義	16
35	小林康男	松本平東部山麓における縄文中期土偶の偏在性	19
36	植田文雄	無縁石皿考	21
37	南　博史	蒸籠の民具学的研究	13

38	山本三郎	王権と海上交通・序説 ―大阪湾と播磨灘に面する古墳を中心に―	21
39	河瀬正利	瀬戸内海北岸部の縄文低地性遺跡と海水準変化	8
40	内田律雄	西川津遺跡の瓢箪製容器	5
41	清水宗昭	九州地方の瀬戸内系石器に関する一考察	19
42	小池史哲	周防灘南西沿岸地域の縄文後期住居跡	18
43	木村幾太郎	熊本県年の神遺跡の鹿笛について	16
44	前田義人	所謂リボン状突起下に穿孔のある浅鉢 ―北部九州地域―	11
45	高橋信武	縄文晩期の方形竪穴住居跡について	22
46	清水周作	鹿児島県大隅町における古代後半期の社会構造及び経済的活動に関する一考察	15
47	下山　覚	災害の「評価」を巡る諸問題 ―7世紀の開聞岳噴火災害を中心に―	20
48	池畑耕一	考古資料から見た古代の奄美諸島と南九州	11
49	盛本　勲	琉球列島出土の貝鏃様製品小考	20
50	中井　均	日韓城郭比較試論 ―特に倭城の構造を中心として―	17
51	辻尾榮市	秦漢時代の船舶について	13
52	関　俊彦	先史カリフォルニアの漁撈民の社会	18
―	著　者	項　目	分量
―	渡辺誠先生還暦 記念論集刊行会	渡辺　誠先生年譜	2
―	渡辺誠先生還暦 記念論集刊行会	渡辺　誠先生著作目録	23
―	渡辺誠先生還暦 記念論集刊行会	執筆者紹介（執筆順）	9
―	渡辺誠先生還暦 記念論集刊行会	記念編集刊行協力者一覧（ただし執筆者を除く）	1
―	大竹憲治	あとがき	1

E　『列島の考古学』〈渡辺誠先生還暦記念論集〉

F	『出土仏具の世界』		
	甃全舎　縦書・B5判・300頁　1999・5		

－	著　者	項　目	分量
	出土仏具の世界		
－	立正大学文学部考古学研究室	巻頭図版	1
－	坂詰秀一	はしがき	2
－	立正大学文学部考古学研究室	（目　次）	2
	－出土仏具の世界		
－	立正大学文学部考古学研究室	凡　例	1

番号	著　者	論　題　－副題－	分量
1	坂詰秀一	（1）出土仏具の世界	3
2	山川公見子	（2）出土仏具研究の回顧	9
－	－	（3）出土仏具の様相	－
3	福井淳一	1　北海道	3
4	小保内裕之	2　青森県	5
5	井上雅孝	3　岩手県	5
6	大河原勉	4　宮城県	2
7	利部　修	5　秋田県	4
8	水澤幸一	6　山形県	2
9	大河原勉	7　福島県	2
10	吹野富美夫	8　茨城県	6
11	安永真一	9　栃木県	3
12	木津博明追川佳子	10　群馬県	6
13	大谷　徹上野真由美	11　埼玉県	5
14	當眞嗣史山形美智子	12　千葉県	5

15	松原典明	13	東京都	4
16	小林康幸	14	神奈川県	6
17	水澤幸一	15	新潟県	3
18	中屋克彦	16	富山県・石川県	5
19	山川公見子	17	福井県	2
20	石神孝子	18	山梨県	3
21	河西克造	19	長野県	7
22	野澤則幸	20	愛知県・岐阜県	4
23	勝又直人	21	静岡県	6
24	駒田利治	22	三重県	3
25	山川公見子	23	滋賀県・京都府・大阪府・兵庫県	9
26	時枝　務	24	奈良県・和歌山県	8
27	森下哲哉	25	鳥取県・島根県	2
28	是光吉基 向田裕始	26	岡山県・広島県・山口県	3
29	岡本桂典	27	香川県・愛媛県・徳島県・高知県	6
30	福島日出海	28	福岡県	3
31	峯崎幸清	29	佐賀県	4
32	永松　実	30	長崎県	2
33	和田好史	31	熊本県	4
34	渋谷忠章	32	大分県	5
35	北郷泰道	33	宮崎県	2
36	上田　耕	34	鹿児島県	5
37	立正大学文学部 考古学研究室	（4）出土仏具地名表		92
38	立正大学文学部 考古学研究室	（5）出土仏具関係主要文献目録		43
39	坂詰秀一	（6）出土仏具研究の課題		2

一	著　者	項　目	分量
一	立正大学文学部 考古学研究室	執筆者一覧（執筆順）	1

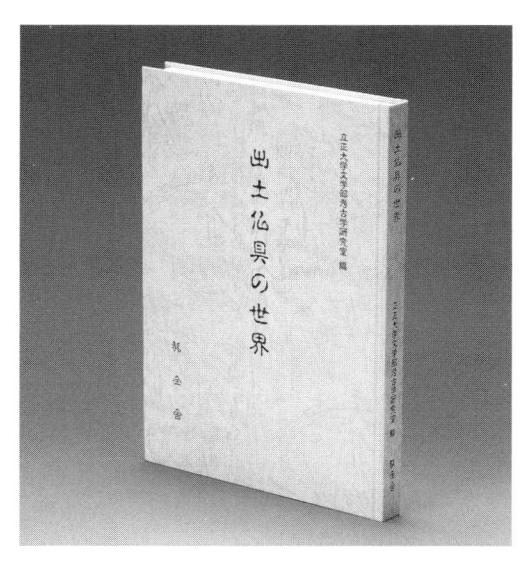

F　『出土仏具の世界』

G	『関　俊彦先生還暦記念論集』		
	立正大学考古学会　縦書・B5判・331頁　2000・1		
―	著　者	項　目	分量
関　俊彦先生還暦記念論集			
―	立正大学 考古学会	関　俊彦先生近影	1
―	立正大学 考古学会	目　次	2
―	坂詰秀一	関　俊彦氏の還暦を寿いで	1
―	立正大学 考古学会	関　俊彦先生・略歴、 オセアニア・北アメリカ関連主要論文	5
番号	著　者	論　題　―副題―	分量
1	渡辺　誠	《特別寄稿》日本最古の網代	4
2	利部　修	秋田県岩瀬遺跡における早期の石器群	20
3	釖持輝久	三浦半島古久里浜湾における縄文時代の漁撈について ―自然環境・魚介類・漁撈具の関係を中心として―	16
4	駒形敏朗	新潟県長岡市中道遺跡の飾られた石組炉	10
5	佐藤由紀男	駿河湾周辺における弥生系磨製石斧の生産と流通	16
6	小林康幸 野本賢二	鎌倉における最近の弥生時代遺跡調査の動向	11
7	高橋　潤	青森県における弥生時代の墓制	8
8	藤田富士夫	魏志倭人伝の「白珠五千孔青句珠二枚」をめぐる若干の 考察	11
9	村田文夫	縦位に隆帯が貼付けられた土器 ―弥生・古墳時代における事例集成から―	12
10	大谷　徹	北武蔵における形象埴輪の一様相 ―器財埴輪を中心として―	24
11	坂本美夫	鉸具立聞素環鏡板付轡の初期の様相	13
12	池上　悟	東海横穴墓の受容と展開	15
13	上野恵司	関東の大形方墳	12
14	松原典明	馬の絵が描かれた窯 ―瓦谷戸窯跡群の製品の供給問題―	5

15	遠藤政孝	南多摩窯跡群における窯体構造の変遷と窯の構築方法について ―御殿山支群南八王子地区を中心として―	11
16	山川公見子	埋経遺跡と仏具	16
17	廣田佳久	南四国における古代末の土器様相 ―素焼土器を中心に―	11
18	唐澤至朗	赤城山頂大沼の小鳥が島経塚の再検討	8
19	阪田正一	中世千田庄の題目板碑	28
20	水澤幸一	板碑分布からみた越後国小泉荘加納の地域信仰圏	14
21	金子浩之	近世伊豆産石材研究ノート	10
22	野村幸希	富士塚施設考 ―神奈川県下の類例を中心として―	8
23	時枝　務	宗教考古学成立のための方法論的諸問題	5
24	岡本桂典	土佐山田町 龍河洞洞穴遺跡の発見と近代考古学者寺石正路	5
25	大竹憲治	百済観音の光背支柱基部に見る山岳意匠考	8
26	枡本　哲	シベリアのシャーマン鏡についての覚書	18
27	米田耕之助	トラック諸島水曜島の漁撈方法覚書	4
―	著　者	項　目	分量
―	立正大学考古学会	執筆者一覧（執筆順）	1

G　『関　俊彦先生還暦記念論集』

36	鈴木一男 國見　徹	『海内第一避暑地』に於ける煉瓦構造物小攷	18
37	坂本和也	坪井正五郎ノート ―「小梧」から「つぼゐしようごらう」へ―	18
38	佐々木竜二	『考古界』創刊号に掲載された「バイカル湖畔日人の碑」 についての再検討	7
39	鯨岡勝成	近代日蓮伝史 ―日蓮伝のベストセラー―	13
40	盛本　勲	貝でタコを釣る話	7
41	植田文雄	台湾的考古学事情、附模造矛	14
42	関　俊彦	北米カリフォルニアの先住民 ―コスタノアン族―	25
―	著　者	項　目	分量
―	村田文夫先生還暦記念論文集刊行会	執筆者紹介（執筆順）	7
―	村田文夫先生還暦記念論文集刊行会	協賛金・協力金提供者一覧	1
―	大竹憲治	あとがき	1

H 『地域考古学の展開』〈村田文夫先生還暦記念論文集〉

I	『出羽の古墳時代』奥羽史研究叢書8		
	〈川崎利夫編〉　高志書院　縦書・A5判・332頁　2004・9		
―	著　者	項　目	分量
	奥羽史研究叢書8　出羽の古墳時代―		
―	川崎利夫	目　次	3
番号	著　者	論　題　―副題―	分量
1	川崎利夫	序論　出羽の古墳とその時代	17
	第1部　発掘された出羽の古墳		
―	―	［I　置賜地域］	―
2	手塚　孝	1　置賜地域の古墳概要	30
3	菊地政信	2　横山古墳	10
4	菊地政信	3　成島1号墳	10
5	角田朋行	4　蒲生田山古墳群	14
6	佐藤鎮雄	5　稲荷森古墳	10
7	齊藤敏明	6　下小松古墳群 　　―出現期の古墳と群集する前方後円墳―	14
―	―	［II　山形地域］	―
8	茨木光裕	1　山形地域の古墳概要	12
9	三浦浩人	2　大塚天神古墳と要害古墳1号墳	12
10	稲村圭一	3　菅沢2号墳 　　―東北地方最大の円墳―	10
11	長橋　至	4　お花山古墳群	12
12	小野　忍	5　土矢倉古墳群	14
―	―	［III　庄内地域］	―
13	佐藤禎宏	1　庄内地域の古墳	12
―	―	［IV　秋田地域］	―
14	小松正夫	1　秋田の古墳概要	12
15	鈴木俊男	2　柏原古墳群	10
16	島田祐悦	3　蝦夷塚古墳群	10

第2部　出羽の古墳とその時代			
17	小林貴宏	1　出羽南部古墳出現前後の社会	8
18	阿部明彦 吉田江美子	2　出羽の土師器とその編年	12
19	伊藤邦弘	3　山形の須恵器	14
20	利部　修	4　秋田の古墳時代土器とその遺跡	12
21	茨木光裕	5　山形盆地の埴輪	14
22	石井浩幸	6　山形南部における古墳主体部の副葬品 　―副葬された刀剣を主として―	12
23	髙橋　敏	7　山形県内の古墳時代の鏡	12
24	竹田純子	8　山形盆地の木製鍬	12
25	北野博司	9　置賜地域の横穴式石室墳	18
―	著　者	項　目	分量
―	川崎利夫	執筆者一覧	1
―	川崎利夫	【著者略歴】	1

I 『出羽の古墳時代』奥羽史研究叢書8

J　『北方世界からの視点—ローカルからグローバル—』〈佐藤隆広氏追悼論集刊行委員会［編］〉

北海道出版企画センター　横書・A5判・380頁　2004・9

12	瀬川拓郎	刻印記号の意味	12
13	佐藤隆広	オホーツク海沿岸における擦文文化	8
		5　アイヌ文化からの視点	
14	松井孝宗	竪穴雑考 ―サハリンアイヌ・ニブヒの冬型住居から―	18
15	田村俊之	近世アイヌ文化における墓制の再考 ―特に溝を有する墓の構築について―	14
16	鈴木邦輝	北オホーツク水系のチャシ立地	16
17	平川善祥	浜頓別町で発見されたチャシと記録に残る砂上のチャシ	20
18	白石典之	チンギス＝カンと鉄 ―モンゴル帝国成立の背景―	18
19	西谷榮治	朝鮮人の泰山漂着	6
		6　考古学への応用	
20	宮塚義人	デジタル遺物実測	6
21	友田哲弘	考古学における多変量解析の応用 ―永山4遺跡を例に―	10
		7　佐藤隆広氏を偲んで	
22	倉田芳郎	佐藤隆広君は北見枝幸の宝物になった	2
23	河野本道	笑顔の考古学徒	2
24	野村　崇	『オホーツク街道』と佐藤隆広さん	4
25	因幡勝雄	隆広さんのオホーツク	2
26	木村尚俊	佐藤隆広さんとオホーツク文化	2
		8　佐藤隆広氏と考古学	
27	佐藤隆広	考古雑感	6
28	佐藤隆広	ロシア調査雑記	26
―	著　者	項　目	分量
―	佐藤隆広氏追悼 論集刊行委員会	佐藤隆広氏の略歴	1
―	佐藤隆広氏追悼 論集刊行委員会	佐藤隆広氏の発掘調査歴	1

―	佐藤隆広氏追悼論集刊行委員会	佐藤隆広氏の著作目録	2
―	右代啓視	編集後記	1
―	佐藤隆広氏追悼論集刊行委員会	執筆者紹介	1

J 『北方世界からの視点―ローカルからグローバル―』
〈佐藤隆広氏追悼論集刊行委員会 [編]〉

14	植田文雄	立柱祭祀の遠近 ―列島の考古・歴史資料を中心に―	12
15	大塚初重	茨城県三昧塚古墳調査覚書	12
16	菅原文也	横穴墓に見る龕様施設について	14
17	利部　修	出羽庄内地方の須恵器器種	10
18	猪狩みち子	古代磐城郡における仏教信仰の様相 ―荒田目条里制遺構・砂畑遺跡の仏教関連資料を中心に―	12
19	根田洋平	律令的井戸祭祀について	6
20	角田　学	福島県石川町三蘆城跡出土の骨蔵器について	12
21	田村雅樹	下野・桔梗城における空間構造	12
22	時枝　務	宗教考古学とは何か	8
23	鈴木一男	神奈川県の十三塚について	6
24	坂本美夫	小嶋山性源寺石造釈迦如来坐像の素描	4
25	森　一欽	釜石の中世前半の考古資料について	12
26	柿川知大	優陀那日輝小伝 ―その思想遍歴と日蓮宗学の確立―	4
27	佐々木竜二	日本音吉について ―「栄力丸漂流記談」に見る乙吉―	8
28	吹野富美夫	「文久三年」銘が墨書された笠間焼黒釉壺	4
29	坂本和也	明治期「磐城美術展覧會」の修辞学 ―大須賀筠軒の求めた博物学的な美術展覧会の内実―	14
30	市毛美津子	野口雨情「齋殿原」を読み解く	4
31	山田仁和	戦間期の新中間層家庭における洋食器の保有状況	12
32	盛本　勲	ジュゴンの捕獲について ―文献および民俗例を通して―	10
33	遠藤　靖	世界に学ぶ村おこしの構想	6
34	野坂知広	「オレイテュイアを掠奪する風神ボレアス」の研究 ―中国・キジル千仏洞におけるギリシア系図像の一事例―	10
35	堤　仙匡	金塔寺石窟の飛天像について	10
36	大竹憲治	中国甘粛省の仏蹟に残るガルーダについて ―特に張掖大仏寺の塼画と天水麦積山石窟の壁画資料を中心に―	10

37	加納　寛	どんぶりと招き猫 ―生活用具にみる江戸時代日タイ交流の可能性―	10
38	関　俊彦	先史北アメリカ北東部の地域文化	28
－	著　者	項　目	分量
－	鯨岡勝成先生追悼論文集刊行会	故鯨岡勝成先生の年譜と著作目録	－
－	鯨岡勝成先生追悼論文集刊行会	Ⅰ　歴史哲学者・故鯨岡勝成先生年譜	3
－	鯨岡勝成先生追悼論文集刊行会	Ⅱ　故鯨岡勝成先生著作目録	11
－	野坂知広 大竹憲治	Ⅲ　故鯨岡勝成先生葬儀・告別式記	8
－	鯨岡勝成先生追悼論文集刊行会	鯨岡勝成先生追悼論文集刊行会組織	1
－	鯨岡勝成先生追悼論文集刊行会	執筆者紹介（執筆順）	6
－	坂本和也 鈴木　源 野坂知広	あとがき	1

K　『歴史智の構想』〈歴史哲学者鯨岡勝成先生追悼論文集〉

L 『考古学の諸相II』〈坂詰秀一先生古稀記念論文集〉

坂詰秀一先生古稀記念会　縦書・B5判・1239頁　2006・1

—	著　者	項　目	分量
		考古学の諸相II	
—	坂詰秀一先生古稀記念会	坂詰秀一先生近影	1
—	坂詰秀一先生古稀記念会	献呈の辞	2
—	斎藤　忠	坂詰さんの古稀を祝う	4
—	角田文衞	考古学の達人	2
—	髙嶋正人	お祝いの言葉	4
—	坂詰秀一先生古稀記念会	目　次	6
番号	著　者	論題　—副題—	分量
		第I部	
1	関　俊彦	カナダ北西海岸域の先史文化	23
2	辻尾榮市	中国宋代の泉州湾后渚諸港出土の船	18
3	星野達雄	官学としてのArchäologieと在野学術としてのHeimatkunde	15
4	藤田富士夫	中国・三星堆遺跡出土の「獣面具」に関する一考察	14
5	枡本　哲	エニセイ川上流所在壁龕にみられる元末の墨書銘文	15
6	米澤容一	考古学から見たヤミ族—ヤミ族の物質文化に見られる外来的要素の抽出—	8
7	大竹憲治	中国・河西回廊の仏蹟に観る文殊及び普賢信仰について	13
8	時枝　務	パガンの僧院	11
9	李　興範	韓国古代伽藍の造営と思想基盤	22
		第II部	
10	阪田正一	正覚寺の石造塔婆と題目曼荼羅	24
11	寺島孝一	鳥	14
12	池田悦夫	東叡山寛永寺旧本坊北西地域の考古学的復元	14
13	金子浩之	近世墓石生産に関する一様相	15

14	堀苑孝志	使う厠と観せる雪隠	14
15	吹野富美夫	笠間焼研究の課題と展望	8
16	河西克造	信濃における近世城郭の成立 ―石垣・瓦葺き建物の出現とその背景―	16
17	永越信吾	戦国期～近世初頭の漆器について ―関東の事例を中心として―	14
18	関口慶久	洛中における中世～近世墓標の一様相 ―京都市本圀寺墓地の墓標調査―	15
19	阿部常樹	近世「磯付村」における貝類採集の実態とその意識 ―千葉県習志野市鷺沼一丁目遺跡群を例に―	14
20	本間岳人	近世御用絵師・狩野家の墓標変遷とその背景 ―池上本門寺所在の奥絵師四家を中心に―	16
21	仲光克顕	江戸、日本橋における町屋の様相 ―町屋遺構の分類と土地利用の変遷を中心として―	18
22	小川　望	「鳥屋圓」の銘を有する合子蓋 ―幕末～近代初頭における薬事史の一端を示す遺物―	16
23	國見　徹	鉄道が遺した器Ⅱ	10
24	一瀬一浩	明治期形成の外国様式墓標の一様相 ―青山墓地における外国人墓碑について―	8
―	―	第Ⅲ部	―
25	市毛　勲	伊勢丹生水銀・辰砂の採掘 ―日本古代・中世水銀鉱業の研究―	11
26	谷口　榮	考古学から『吾妻鏡』を読む ―治承から文治期の城館を中心に―	15
27	斎木　勝	結衆による石塔の造立	12
28	坂本美夫	山梨県における石仏（丸彫坐像）の形態変遷 ―底部形態―	14
29	唐澤至朗	「一所懸命」の理 ―経塚資料等からみた中世武士の夫婦関係―	10
30	岡本桂典	土佐の板碑―四国遍路の板碑―	9
31	磯部武男	密教法具「六器」をめぐる問題	15
32	野澤則幸	三河国牛久保鋳物師の動向について ―愛知県宝飯郡小坂井町菟足神社鐘を通して―	15

33	小林康幸	寺院境内絵図にみる経塚 ―鎌倉・浄光明寺経塚について―	9
34	水澤幸一	密教法具考 ―出土仏具を中心にして―	14
35	磯野治司	東光寺貞永二年銘板碑の再検討	18
36	野澤　均	荼毘所考 ―埼玉県下の例を中心に―	14
37	井上雅孝	岩手県における時宗板碑の基礎的研究	14
38	佐々木満	自焼・破城への考古学的アプローチ ―戦国大名武田氏の本拠を例として―	15
39	五十嵐和博	有機質経筒の諸問題 ―陸奥・駒壇経塚の再検討―	14
40	松原典明	戦国期の同型式石造物からみた宗教事情 ―特に北武蔵を中心として―	16
	第IV部		
41	吉川國男	東京東部低地・大嶋郷の条里をさぐる	17
42	椙山林繼	山岳信仰遺跡の再検討	13
43	須田　勉	平安時代における国衙祭祀の一形態 ―千葉県稲荷台遺跡の検討―	22
44	福田健司	落川・一の宮遺跡における建物変遷と問題点 ―武士団屋敷の実態―	19
45	早川　泉	古代道路二題	9
46	合田芳正	武蔵国府・国分寺跡出土の施錠具とその関連遺物	16
47	荒井健治	竪穴建物と「刀筆の吏」 ―武蔵国府の竪穴建物居住階層―	14
48	江口　桂	武蔵国府・国分寺の景観と人的構成 ―竪穴建物群の検討を中心に―	15
49	村上久和	豊前・豊後における古代山林寺院の成立とその特徴	9
50	小林昭彦	九州における古代の平窯について	12
51	八木光則	北奥羽の赤焼土器	16
52	廣田桂久	土佐国の出土文字資料について ―古代資料を中心として―	13
53	利部　修	出羽南半山形盆地の須恵器器種	13

75	駒形敏朗	新潟県長岡市岩野原遺跡の掘立柱建物跡 ―縄文時代の掘立柱建物跡の検討に向けて―	16
76	野代幸和	中部高地に分布する縄文土器文様とその意味について ―既成概念と民俗事例から―	19
77	福井淳一	骨角製魚鉤状製品について	16
78	加藤元康	千葉県における縄文時代の裸潜水漁撈の基礎的研究 ―外耳道骨腫を中心にして―	12
	第Ⅷ部		
79	沼上省一	三鷹市出山横穴墓群八号墓の保存状況について ―内部温・湿度の変化等を中心に―	12
80	橋本正春	田中春雄大尉の考古学 ―富山県・石川県・満州国における考古学調査―	16
81	笹川龍一	史跡有岡古墳群保存整備事業について	13
82	吉田博嗣	日田豆田町の保存と今後の取り組みについて	14
83	和田好史	史跡大村横穴群保存修理事業について	15
―	著　者	項　目	分量
―	池上　悟	編集後記	1
―	坂詰秀一先生 古稀記念会	執筆者一覧（執筆順）	2

L　『考古学の諸相Ⅱ』〈坂詰秀一先生古稀記念論文集〉

M	『考古学論究』第11号〈坂詰秀一先生古稀記念号〉		
	立正大学考古学会　縦書・B5判・354頁　2006・3		

－	著　者	項　目	分量
－	立正大学考古学会	坂詰秀一先生近影	1
考古学論究　第11号			
－	関　俊彦	坂詰先生の古稀を祝う	1
－	立正大学考古学会	（目　次）	2

番号	著　者	論　題　－副題－	分量
1	坂詰秀一	仏教考古学への道 －立正考古と半世紀－	6
2	関　俊彦	北米・コロンビア川下流域とウィラメット川流域の先史文化	23
－	立正大学考古学会	《新刊紹介》	1
3	星野達雄	「先史学の故国」としての北欧諸国 －19世紀のデンマーク王国と先史研究－	20
4	大竹憲治	中国韓城市司馬遷墓の塼画に見る動植物意匠考 －特に蝙蝠意匠を中心に－	10
5	斎木　勝	埼玉県内出土板碑の諸相	24
6	大三輪龍哉	中世東国における石製塔婆の研究 －中世都市鎌倉の宝篋印塔と五輪塔を中心として－	32
7	松崎元樹	古墳時代終末期の地域構造 －多摩川流域の石室墳および横穴墓の検討－	20
8	池上　悟	東国における出雲系横穴墓の展開	8
9	佐藤由紀男	条痕紋系土器分布圏における稲作をどの様に考えるか	28
10	藤田富士夫	縄文時代の自然数列に関わる「数字」認識について	8
11	久保田正寿	「打製石斧」の製作実験と資料の比較からみた両極敲打技法の属性について	74
12	宮川博司	縄文時代における貝刃の様相とその機能論的考察	20
謝辞百景			
13	辻尾榮一	坂詰先生と、二人の先生と私	2

14	服部敬史	坂詰先生と南多摩窯跡群	2
15	我孫子昭二	坂詰先生に感謝	2
16	早川　泉	遠い昔のことども	2
17	福田健司	坂詰先生との思い出	3
18	合田芳正	坂詰先生の思い出	2
19	高橋國夫 清野利明	坂詰先生と日野市遺跡調査の黎明期	3
20	江口　桂	多摩地区の発掘と坂詰秀一先生の思い出	6
21	三村欣市	発掘の思い出 〜飲まず頑張りました？〜	2
22	久保田幸一	坂詰先生の思い出	3
23	江端（旧姓 津ヶ谷）美弥子	坂詰秀一先生の古稀を祝して	1
24	村田文夫	怒られた話・助けられた話・花の女子大生だったあの人の話	2
25	大瀬静子	三殿台集落遺跡の調査に参加して 〜六年目に実現した夢だった〜	1
26	加藤邦雄	坂詰秀一先生と私の考古学人生	3
27	是光吉基	坂詰先生から教えられた事、学んだ事	2
28	渡辺竜史	新久窯跡の第2次発掘調査	2
29	渋谷忠章	坂詰先生への感謝	2
30	阪田正一	お祝いの言葉に代えて	2
31	米田耕之介	大学に入ったころの思い出	2
32	戸根与八郎	坂詰先生から教えられたこと	2
33	藤田富士夫	坂詰秀一先生をめぐる諸相	3
34	川原由典	学生当時の思い出	2
35	劔持輝久	坂詰秀一先生と私	2
36	駒形敏朗	坂詰先生のことなど	2
37	斎木　勝	坂詰先生に感謝を込めて	2
38	坂本美夫	大学時代の先生	2

39	枡本　哲	坂詰先生をめぐる思い出	2
40	池上　悟	韓国古墳の旅	2
41	駒田利治	ネパール発掘の思い出	2
42	唐澤至朗（旧姓波田野）	「その石膏は、風邪をひいています。」	1
43	大竹憲治	坂詰先生と朝熊山経塚群	2
44	遠藤政孝	南多摩窯跡群の調査	1
45	岡本桂典	シルクロードの旅〜インド・ネパール仏跡巡礼〜	3
46	笹川龍一	大学時代の坂詰先生の思い出	2
47	時枝　務	南東北の遺跡見学旅行	2
48	諏訪間順	坂詰先生の教え	1
49	利部　修	立正大学での3年間	2
50	松原典明	不肖の弟子よりの感謝	2
51	野澤　均	坂詰先生の思い出	2
52	河西克造	坂詰先生を知る切っ掛けと印象、思い出	2
53	三好義三	インドネシアでの邂逅	2
54	小林康幸	粋な江戸っ子坂詰先生	3
55	山川公見子	坂詰先生の一撃	2
56	水澤幸一	大学・大学院時代の先生の思い出	2
57	永越信吾	大学時代の先生の思い出	2
58	那賀美奈子	坂詰先生、おめでとうございます！	1
59	山田雄正	大学時代の先生	2
60	大三輪龍哉	坂詰先生との思い出	2
―	著　者	項　目	分量
―	立正大学考古学会	《彙　報》	1
―	村田文夫	編集後記	1
―	立正大学考古学会	立正大学考古学会会則	1

M　『考古学論究』第11号〈坂詰秀一先生古稀記念号〉

一	著　者	項　目	分量
一	吉岡康暢先生古希記念論集刊行会	吉岡康暢先生略歴・著作目録	一

番号	著　者	論　題　－副題－	分量
56	吉岡康暢	私の履歴書 －考古学と出逢って40年－	4
57	吉岡康暢	陶磁社会史の構想と課題	5
58	村井章介 吉岡康暢	中世における人とモノと技の交流	9

一	著　者	項　目	分量
一	吉岡康暢先生古希記念論集刊行会	略　歴	2
一	吉岡康暢先生古希記念論集刊行会	著作目録	7
一	田嶋明人	あとがき	1
一	吉岡康暢先生古希記念論集刊行会	執筆者一覧（掲載順）	2

N　『陶磁器の社会史』〈吉岡康暢先生古希記念論集〉

17	鈴木　源	桜井式土器細分を巡る二三の私見	4
18	早川麗司	茨城県ひたちなか市差渋遺跡の研究 ―茨城県における弥生時代中期後半の墓制―	10
19	小玉秀成	原田遺跡群の弥生時代後期後半土器群	10
20	綿引英樹	弥生時代後期後半における文化の交差点「大戸下郷遺跡」 ―大戸下郷遺跡の弥生土器の出土例から―	10
21	乾　芳宏	フゴッペ洞窟の岩面刻画について ―縄文・弥生文化からの視点―	12
22	野﨑欽五	因幡の玉作遺跡（プロローグ）	4
23	稲田義弘	新善光寺跡に方形周溝墓が造られる頃 ―古墳時代前期における涸沼川流域の鳥瞰―	10
24	駒澤悦郎	茨城県における古墳時代前・中期の炉用土製支脚の変遷	10
25	市毛美津子	北茨城市内の古墳時代遺跡分布状況	4
26	樫村友延	福島県いわき市牛転古墳群採集の埴輪について	10
27	稲田健一	東茨城郡城里町徳化原古墳について ―切石石室を有する古墳の一例―	8
28	古谷　毅	下総西部地方の地理的特質と地域性	12
29	小澤重雄	後期・終末期古墳群覚え書き	6
30	鈴木一男	神奈川県における横穴墓付帯施設としての組合せ式石棺の一例	10
31	猪狩みち子	石城地方からみた『常陸国風土記』	10
32	菅原文也	竈の祭祀に関する新例	6
33	利部　修	長頸瓶の製作技術とロクロの性能 ―平安時代の北日本における技術推移―	12
34	川又清明	「桜の郷遺跡群」の墨書土器について ―「在から分かること」―	10
35	久信田喜一	屋形野・波耶武之野・新治州 ―『常陸国風土記』行方郡条をめぐって―	8
36	白田正子	常陸国新治郡の律令期集落の成立と変貌 ―岩瀬・笠間地方を中心として―	10
37	佐々木義則	茨城県における奈良・平安時代土器研究の現状	12
38	荒蒔克一郎	墨書土器から見た律令期「桜の郷遺跡群」の様相 ―大塚遺跡・宮後遺跡出土墨書土器の検討を通して―	10

39	樫村宣行	「切石組み竈」の一考察―那珂川以南を中心として―	8
40	片平雅俊	茨城県域における律令期馬具覚書 ―古墳時代集落出土馬具と律令期馬具理解のために―	10
41	森下松壽	神仏習合と鹿島神宮寺	10
42	角田　学	「かわらけ」から見る中世石川地方 ―殿内遺跡群出土資料を中心に―	10
43	鶴見貞雄	下総結城の弘長二年銘板碑 ―県内最古の武蔵型板碑の姿―	10
44	時枝　務	茨城県境町百戸出土の板碑	10
45	青木仁昌	常州中郡坂戸における鋳造について ―金谷遺跡の鋳造関連遺構を中心にして―	10
46	芳賀友博	村松白根遺跡出土枝銭と永樂銭	10
47	寺内久永	村松白根遺跡出土の漆喰	6
48	大関　武	中世筑波地域の景観 ―筑波北条の中世瓦を中心に―	10
49	川村満博	出土遺物から見た屋代B遺跡の変遷について	10
50	石川　功	まちのかたち ―近世初期の土浦城下についての一試論―	8
51	萩野谷悟	茨城県大子町大沢の金山関係資料について（2）	10
52	石川太郎	近世遺物の散布状況について ―茨城県旧千代川村の事例から―	10
53	佐々木竜二	快風丸蝦夷地探検と鳥居龍蔵	4
54	田原康司	笠間系陶器の時期設定II	10
55	吹野富美夫	真壁焼の壺	4
56	山田仁和	「硬質陶器」の国産化と洋食器の普及	10
57	森　一欽	橋野高炉採掘場跡について	8
58	柿川知大	「妙法講」設立の動向について	4
59	鯨岡勝成	弟子の晃景 ―金翅鳥から迦葉・ユダ・光秀の位位―	6
60	堤　仙匡	北涼期の飛天について	6
61	大竹憲治	中国陝西省彬県大仏寺石窟天井部の意匠考 ―特に日月・聖樹・瑞雲・波濤意匠を中心に―	10

一	著 者	項 目	分量
一	瓦吹堅先生還暦記念論文集刊行会	瓦吹　堅先生年譜	8
一	瓦吹堅先生還暦記念論文集刊行会	瓦吹　堅先生著作目録	10
一	瓦吹堅先生還暦記念論文集刊行会	Ｉ　瓦吹堅先生還暦記念論文集刊行会組織	1
一	瓦吹堅先生還暦記念論文集刊行会	Ⅱ　瓦吹堅先生還暦記念論文集賛助金提供者一覧	1
一	瓦吹堅先生還暦記念論文集刊行会	執筆者紹介（執筆順）	6
一	大竹憲治	あとがき	1

O　『考古学の深層』〈瓦吹堅先生還暦記念論文集〉

『古代東北・北海道におけるモノ・ヒト・文化交流の研究』

P

東北学院大学文学部　横書・A4判・459頁　2007・5

一	著　者	項　目	分量
		古代東北・北海道におけるモノ・ヒト・文化交流の研究	
一	東北学院大学文学部	例　言	2
一	東北学院大学文学部	目　次	1

番号	著　者	論題　—副題—	分量
1	辻　秀人	第Ⅰ章　はじめに	21
一	一	第Ⅱ章　東北・北海道における6〜8世紀の土器変遷と地域の相互関係	一
2	菅原祥夫	ⅰ．福島県中通り地方南部	22
3	菅原祥夫	ⅱ．福島県中通り地方中部	29
4	菅原祥夫	ⅲ．福島県浜通り地方南部	19
5	菅原祥夫	ⅳ．福島県会津地方	27
6	村田晃一	ⅴ．宮城県中部から南部	45
7	佐藤敏幸	ⅵ．宮城県北部・沿岸部	46
8	高橋千晶	ⅶ．岩手県南部	35
9	八木光則	ⅷ．岩手県中部	15
10	宇部則保	ⅸ．青森県南部〜岩手県北部	25
11	利部　修	ⅹ．秋田県域	19
12	鈴木　信 豊田宏良 仙庭伸久	ⅺ．北海道南部〜中央部	36
13	佐久間正明	第Ⅲ章　福島県における古墳時代後期土器の特質	31
14	北野博司 三河風子	第Ⅳ章　東北・北海道における古代の土器焼成と土ナベ調理	40
15	辻　秀人	第Ⅴ章　栗囲式土師器の成形方法	7
16	熊谷公男	第Ⅵ章　多賀城創建再考 —7世紀中葉以降の陸奥国における領域支配の展開—	25

P　『古代東北・北海道におけるモノ・ヒト・文化交流の研究』

Q	『列島の考古学II』〈渡辺誠先生古稀記念論文集〉 渡辺誠先生古稀記念論文集刊行会　横書・B5判・881頁　2007・11		
一	著　者	項　目	分量
	列島の考古学II―渡辺誠先生古稀記念論文集―		
一	渡辺誠先生古稀記念論文集刊行会	渡辺　誠先生近影	1
一	大塚初重	序　文	2
一	菅原文也	献呈の辞	2
一	一	（目　次）	4
番号	著　者	論　題　―副題―	分量
	列島の考古学II		
1	乾　芳宏	近世アイヌ墓と出土漆器について ―余市大川・入舟遺跡を中心として―	12
2	佐々木竜二	英国人アイヌ墳墓盗掘事件について	8
3	成田滋彦	十腰内文化における人体文付土器	10
4	野坂知広	遮光器土面小考	10
5	小林圭一	縄文時代晩期初頭に固有の「眼鏡状突起」について	12
6	成田誠治	青森県田舎館村垂柳周辺遺跡出土の土師器について	12
7	利部　修	虚空蔵大台滝遺跡のかわらけ ―北奥羽における編年学的位置付け―	12
8	森　一欽	釜石市屋形遺跡採集の円筒式土器について	6
9	井上雅孝	神仏になった遺物 ―縄文遺物の再利用について―	10
10	今野良一	岩手県大船渡市大洞貝塚の骨角器 ―平成の発掘調査から―	8
11	佐藤正彦	陸前高田市出土のアスファルト及びアスファルト状物質について	12
12	熊谷　賢	中沢浜貝塚出土の微小貝について ―ムラサキインコ二枚貝床内在生物の生態学的調査による検討―	14
13	樫村友延	福島県いわき市小川町採集両尖七首一例	4

40	澁谷昌彦	石棒の型式分類と石剣・石刀の問題	14
41	大貫英明	勝坂遺跡における縄文時代中期集落の様相（上）	10
42	佐野　隆	縄文時代中期末葉の低地利用 ―山梨県梅之木遺跡の報告と覚書―	10
43	時枝　務	縄文人の山地利用と山岳観覚書	10
44	高山　純	縄文女性の性に対する慎みと子供への愛情	16
45	村田文夫	竪穴住居跡から発掘される五平（状）柱に関する研究 ―弥生時代を中心とした事例から―	14
46	渡辺直哉	神奈川県三浦市赤坂遺跡出土の鉄製釣針について	8
47	池上　悟	前方後円墳名称の変遷	10
48	大塚初重	東国古墳壁画再考 ―虎塚古墳壁画の場合―	8
49	樫村宣行	「切石組み竈」の一考察 ―最終章―	4
50	瓦吹　堅	三美前山の瓦Ⅱ	10
51	田村雅樹	栃木県における在地修験道遺跡の一様相	6
52	坂本美夫	山梨県の中世石仏 ―阿弥陀如来立像―	12
53	吹野富美夫	茨城県における近世から近代にかけての在地系土器研究の一視点 ―民具考古学への接近―	12
54	山田仁和	坪井正五郎とE.S.モースのステム	8
55	柿川知大	教部省における僧侶身分問題	4
56	鈴木一男	湘南地方の戦争遺跡について（1） ―遺跡から発見される焼夷弾―	10
57	蔵本俊明	竪穴式住居と平地式住居 ―土器棺から削平について考える―	8
58	長谷川豊	考古学研究者が体験したイノシシ猟 ―静岡県伊豆市における事例―	12
59	田中　彰	縄文時代中期後半の植物遺体と石錘	10
60	吉田泰幸	縄文時代晩期における耳飾の分布について ―愛知県を中心に―	8
61	野澤則幸	尾州大御堂寺の経塚について	12

62	中井　均	山城に住む女性	10
63	植田文雄	内水面定置漁具の考古学的検討 ―エリとヤナの概念規定をめぐって―	12
64	小谷　寛	陶邑における百済系陶工の渡来に関する一考察	10
65	小林義孝	３(オン・oṃ) 字信仰の差異 ―東アジア梵字文化研究の視点から―	16
66	秋枝　芳	姫路城跡における近代遺跡の調査	12
67	水村美緒	縄文時代における敲石の研究	8
68	野﨑欽五	鳥取の鳥 ―因幡の鳥形木製品―	4
69	内田律雄	イカ釣り名人　細野平吉翁のこと ―山陰地方の烏賊餌木の系譜―	10
70	西岡達哉	讃州高松城の滴水瓦	10
71	岡本桂典	土佐・郷土史父　寺石正路の考古学研究の足跡 (1) ―松浦左用彦・寺石正路それぞれの青春―	8
72	清水宗昭	黒曜石から見た東北九州の細石核 ―西北九州産黒曜石と姫島産黒曜石の比較―	10
73	小池史哲	玄界灘沿岸地域の縄文後期集落	14
74	島津義昭	九州の硬玉製大珠 ―熊本県阿蘇郡西原村出土の一例―	8
75	髙木正文	熊本県黒橋貝塚出土の装飾付土器 ―性器表現のある土器について―	10
76	清水周作	鹿児島県大隅半島北部地域における縄文時代の生活環境について	12
77	前田義人	弥生時代の水場 ―北部九州を中心として―	12
78	池畑耕一	南九州の考古資料にみられる布痕二題	8
79	木村幾多郎	鴨形水注の分類 ―華南三彩陶研究　その3―	12
80	南　博史	フィールドミュージアムの社会的役割からみた考古学の活用 ～フィールドミュージアム文化論への導入として～	6
81	金　建洙	韓半島における新石器時代の銛について	12
82	大竹憲治	大足・北山石刻の天楽壁画考 ―特に第51号龕・第245号龕の事例を中心に―	14

83	辻尾榮市	鄭和の宝船	12
84	吉本洋子	古代アンデス文明における人面・人体装飾付土器 ―杖の神と首級を中心に―	12
85	関　俊彦	アメリカの歴史考古学への視点	20
―	著　者	項　目	分量
―	坂詰秀一	跋　文	2
―	渡辺誠先生古稀記念論文集刊行会	渡辺　誠先生年譜	1
―	渡辺誠先生古稀記念論文集刊行会	渡辺　誠先生著作目録	6
―	渡辺誠先生古稀記念論文集刊行会	Ⅰ　渡辺誠先生古稀記念論文集刊行会組織一覧	1
―	渡辺誠先生古稀記念論文集刊行会	Ⅱ　賛助金提供者一覧（協賛金提供者を除く）	1
―	渡辺誠先生古稀記念論文集刊行会	執筆者紹介（執筆順）	13
―	大竹憲治	あとがき	1

Q 『列島の考古学Ⅱ』〈渡辺誠先生古稀記念論文集〉

R　『生産の考古学Ⅱ』〈倉田芳郎先生追悼論文集編集委員会編〉

S 『古代窯業の基礎研究―須恵器窯の技術と系譜―』
真陽社　横書・A4判・825頁　2010・5

―	著　者	項　目	分量
		古代窯業の基礎研究―須恵器窯の技術と系譜―	
―	窯跡研究会	図版1　須恵器窯跡の各部位構造	1
―	窯跡研究会	図版2　サンプル焼成	1
―	窯跡研究会	図版3　須恵器窯築造・焼成実験	1
―	窯跡研究会	図版4　地下掘り抜き式	1
―	窯跡研究会	図版5　半地下天井架構式・地上窯体構築式	1
―	窯跡研究会	図版6　初期須恵器	1
―	窯跡研究会	図版7　九州地方	1
―	窯跡研究会	図版8　中国・四国地方	1
―	窯跡研究会	図版9　関西地方	1
―	窯跡研究会	図版10　陶邑窯	1
―	窯跡研究会	図版11　東海地方	1
―	窯跡研究会	図版12　北陸地方（1）：南加賀窯跡群	1
―	窯跡研究会	図版13　北陸地方（2）：南加賀窯跡群	1
―	窯跡研究会	図版14　信越地方	1
―	窯跡研究会	図版15　関東地方	1
―	窯跡研究会	図版16　東北地方	1
―	森内秀造	序　文	1
―	望月精司	【凡　例】　論集作成における用語の統一について	4
―	窯跡研究会	（目　次）	2

番号	著　者	論　題　―副題―	分量
		第1部　総　論	
1	藤原　学	第1章　窯からみた須恵器生産史	10
―	―	第2章　須恵器の基本用語整理と構造分類	―
2	森内秀造	第1節　須恵器の窯式名称を巡って ―窖窯か登窯か―	12

43	浜中有紀	窯跡研究会活動記録	3
―	著　者	項　目	分量
―	窯跡研究会	（執筆者名簿）	1
―	舟山良一	あとがき	1

S 『古代窯業の基礎研究―須恵器窯の技術と系譜―』

16	今野沙貴子	〔コラム〕秋田県における経塚の変遷 ―中世前期を中心に	4
17	小口雅史	〔コラム〕青森市石江遺跡群の位置づけをめぐって	3
18	高橋　学	囲郭集落の系譜 ―出羽国城柵が北方の地域社会に及ぼしたもの―	24
―	著　者	項　目	分量
―	小松正夫	集落遺跡名一覧	7
―	高橋　学	あとがき	2
―	―	執筆者紹介（執筆順）	1
―	小松正夫	編著者紹介	1

Ｔ　『北方世界の考古学』

U 『芙蓉峰の考古学』〈池上悟先生還暦記念論文集〉
六一書房　縦書・B5判・542頁　2010・12

一	著　者	項　目	分量
		池上悟先生還暦記念論文集　芙蓉峰の考古学	
一	池上悟先生 還暦記念会	池上　悟先生近影	1
一	池上悟先生 還暦記念会	献呈の辞	2
一	坂詰秀一	華甲を祝う	2
一	池上悟先生 還暦記念会	（目次）	3

番号	著　者	論　題　―副題―	分量
		第Ⅰ部	
1	関　俊彦	アメリカの歴史考古学と記録文書	20
2	米澤容一	台湾・蘭嶼の土器棺墓 ―失われたヤミ族の埋葬法―	13
3	大竹憲治	中国西南地方の仏蹟に観る普賢・文殊信仰 ―特に四川・雲南の石刻・石窟の事例を中心に―	12
		第Ⅱ部	
4	鈴木一男	湘南地方における煉瓦構造物について	8
5	金子浩之	石材矢割り技法の展開	10
6	吹野富美夫	真壁系土器研究の現状と課題	6
7	森　清治	日独戦争におけるドイツ兵俘虜の製麺麭について ―板東俘虜収容所の製麺麭遺構を中心にして―	10
8	水谷芳春	諸戸氏庭園の煉瓦について	10
9	松原典明	近世葬制と儒教受容 ―近世葬制理解のための一試論―	10
10	阿部常樹	近世江戸におけるマガキの流通	8
11	仲光克顕	初期江戸、八丁堀の寺と墓	16
12	石原　聡	出雲西部地域における近世たたら製鉄に関する一考察 ―石見地域との関連性―	11

第Ⅲ部			
13	阪田正一	造塔供養と題目板碑	13
14	坂本美夫	山梨県の中世石仏 ―聖観音菩薩坐像―	7
15	廣田佳久	四国にみられる中世住居の構造	11
16	磯野治司	板碑研究の領域と課題 ―考古学の視点から―	13
17	野澤　均	磨崖仏の造像空間について	7
18	河西克造	中世城郭出土の「つぶて」について ―城に保有されていた武器―	11
19	堀苑孝志	城郭糞尿譚	10
20	山川公見子	神社と関連する埋経遺跡について	10
21	本間岳人	伊豆石製宝塔考	12
22	大三輪龍哉	浄光明寺慈光院跡について ―検出遺構と関係諸資料による寺院史研究の一方法―	12
第Ⅳ部			
23	中山　晋	古代氷室の蔵氷量について	10
24	八木光則	「兵」安倍・清原氏	10
25	野澤則幸	普門寺経塚小考	15
26	利部　修	本州北端の刻書土器 ―数字様記号について―	10
27	井上雅孝	岩手県出土の八稜鏡 ―その受容と背景について―	9
28	髙橋千晶	出土文字資料から見た胆沢城	10
29	山田隆博	宮城県における7世紀代須恵器の様相について ―集落・官衙遺跡出土須恵器の事例を中心にして―	12
第Ⅴ部			
30	藤田富士夫	国指定史跡　桜谷1号・2号墳の墳形とその意義について	10
31	斎木　勝	千葉県多古町五十塚古墳群の埴輪 ―栗山川上流部の埴輪群―	10
32	唐澤至朗	復活再生儀礼と時間域の研究へ向けての覚え書き	8

（「兵」の上に「つわもの」のルビ）

U　『芙蓉峰の考古学』〈池上悟先生還暦記念論文集〉

34	髙木正文	直弧文のゆくえ ―熊本から東国へ―	12
35	池畑耕一	鹿児島県出土の蛇行剣の特性	12
36	乾　芳宏	アイヌ文化における器 ―碗と椀―	12
37	水澤幸一	北東日本海沿岸地域の初期瓦器火鉢 ―輪花形火鉢を中心にして―	12
38	角田　学	山城における柵跡について ―福島県内の発掘調査事例を中心に―	12
39	田村雅樹	鬼怒川流域をはじめとする中世城館覚書	12
40	坂本美夫	山梨県の中世石仏 ―帰命院阿弥陀二尊石仏（光背型）―	8
41	利部　修	本州北端の刻書土器 ―道教的信仰から見た「木」の考察―	14
42	鈴木　啓	長門国の関同様の白河剗・菊多剗と軍団	14
43	猪狩みち子	古代磐城郡家における区画施設について	12
44	水井幸一	夏井廃寺跡採集の鐙瓦再考	4
45	遠藤　靖	直径1センチの雪 ―わがふる里の誇りを求めて―	8
46	中山雅弘	白水阿弥陀堂と徳尼伝説	12
47	野澤則幸	名古屋市北区・味鋺B遺跡出土の刻書土器について	8
48	中井　均	烽と鐘	10
49	吹野富美夫	笠間系陶器覚書	6
50	根田洋平	火処寸考 ―新宿区市谷本村町尾張藩上屋敷跡遺跡の事例を中心に―	6
51	鈴木一男 國見　徹	「コンデルさん」の足跡 ―赤星弥之助別荘の赤煉瓦―	8
52	阪田正一	日蓮宗の経塚	16
53	渡辺智裕	柳田國男の福島来県と産業組合講習会	6
54	瓦吹　堅	モースと任三 ―植物学者松村任三日記断簡から―	10
55	杉山博久	北陸に燃えた男 ―須藤求馬小伝―	14

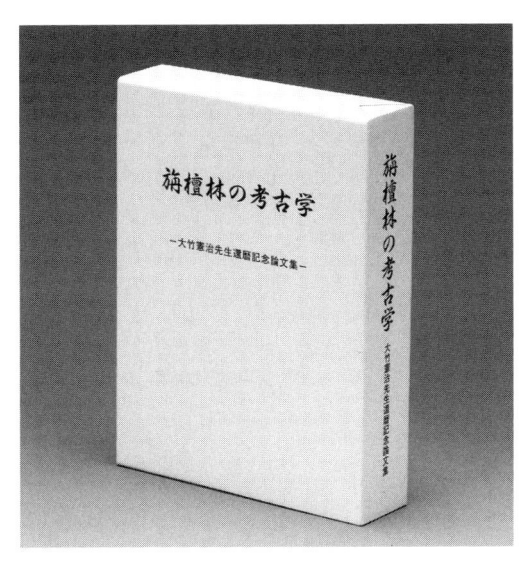

V　『栴檀林の考古学』〈大竹憲治先生還暦記念論文集〉

W　『前九年・後三年合戦―11世紀の城と館―』

X	『古代由理柵の研究』 〈新野直吉監修　由理柵・駅家研究会編〉　高志書院　縦書・A5判・277頁 2013・2		

―	著　者	項　目	分量
	古代由理柵の研究		
―	由理柵・駅家 研究会	目　次	2
―	新野直吉	監修の辞 ―各論文に接しての小考を併せ叙す―	10

番号	著　者	論　題　―副題―	分量
	第1部　由理柵研究の諸相		
1	小松正夫	由理柵の研究史と擬定地の検証 ―実地踏査を踏まえて―	48
2	仲川成章	由利郡・郷考	19
3	鈴木　登	由利地域の古代末・中世初頭の様相	31
4	板垣直俊	古代由利地域の地形と地質	21
5	仲川成章	【コラム】古代鳥海山の噴火	2
	第2部　由理柵の考古学的研究		
6	小松正夫	由理柵・駅と古代想定駅路 ―由利地域の駅路を中心に―	27
7	利部　修	由利地域の古代生産遺跡 ―須恵器・鉄・炭・塩・稲―	26
8	納谷信広	【コラム】旧西目潟周辺の古墳時代	3
9	長谷川潤一	本荘由利地域における古代・中世初頭の遺跡と遺物	32
10	佐々木昌喜	【コラム】由利地域の中世城館	4
11	高橋　学	由利地域出土の古代文字資料	21
12	平川　南	秋田県由利本荘市川口の大覚遺跡出土銅印	19

―	著　者	項　目	分量
―	小松正夫	あとがき	2
―	由理柵・駅家 研究会	【監修者略歴】・執筆者一覧	1

Ⅹ　『古代由理柵の研究』

	第Ⅵ部　近世と近代		
33	阪田正一	題目板碑終焉の諸相	10
34	唐澤至朗	牛ヶ首中山塚発掘調査記録の復原	10
35	岡本桂典	安政南海地震供養碑と埋経 ―高知県土佐市宇佐町萩谷の安政地震・津波名号碑―	10
36	松原典明	近世大名墓にみる東アジア葬制・習俗の影響	10
37	足立桂代	長尾氏歴代墓所について ―地方における近世宝篋印塔の事例―	10
38	仲光克顕	「江戸の町人地と出土銭貨」	11
39	中野光将	近世墓出土の食膳具について	10
40	鈴木一男	湘南に於ける煉瓦造の鉄道橋梁について	8
	第Ⅶ部　国外の考古学		
41	関　俊彦	アメリカ歴史考古学にみる仮説と推測	28
42	磯部武男	ガンダーラ美術や仏典等からみた金剛手の起源	10
43	大竹憲治	亀茲国における穹窿頂を持つ石窟考 ―ギジル第183窟の事例を中心に―	10
―	著　者	項　目	分量
―	坂誥秀一先生 喜寿記念	執筆者一覧（執筆順）	1
―	池上　悟	『考古学の諸相　III』編集後記	1

Y 『**考古学の諸相III**』〈**坂誥秀一先生喜寿記念論文集**〉

Z	『中華文明の考古学』〈飯島武次先生退職記念論文集〉 同成社　横書・B5判・486頁　2014・3		
一	著　者	項　目	分量
	中華文明の考古学		
一	飯島武次	序 ―考古学から見た中華文明―	4
一	飯島武次先生 退職記念論文集 刊行会	目　次	3
番号	著　者	論　題　―副題―	分量
	第Ⅰ部　中国編		
1	中村慎一	良渚囲壁集落と良渚遺跡群	10
2	鄧　聡（訳 劉　宇毅）	先史マカオの玉器製作におけるロクロの考察	9
3	小柳美樹	大石鏟考	10
4	加藤里美	海岳地区における生業に関する一考察 ―磨盤・磨棒の使用痕分析から―	10
5	許　宏（訳 内田宏美）	宮室建築と中原国家文明の形成	15
6	大貫静夫	二里頭遺跡の出現	12
7	長尾宗史	二里頭文化の長流壺に関する一考察	8
8	劉　緒（訳 近藤はる香）	殷文化の東方開拓と発展	12
9	鈴木　舞	殷墟骨笄・象牙笄の広がり ―殷代笄考（2）―	13
10	鈴木　敦	甲骨文字研究の成果蓄積とデジタル化技術 ―近年の中国・台湾における動向を踏まえて―	11
11	廣川　守	青銅卣の法量規格	10
12	菊地大樹	馬牲の境界	10
13	西江清高	宝鶏石鼓山西周墓の発見と高領袋足鬲	12
14	近藤はる香	西周青銅器の生産、流通の分散化 ―古代中国の社会構造―	9

15	田畑　潤	西周青銅戈毀兵行為に関する研究 ―山西省天馬―曲村墓地の事例を中心に―	12
16	角道亮介	西周時代の青銅明器	10
17	黄川田修	山東龍口帰城遺跡考	10
18	宮本一夫	周式銅剣から見た巴蜀式青銅器の出現過程	15
19	川村佳男	東周から漢時代にかけての黒陶着色技法	10
20	髙野晶文	建国期における秦文化の一考察	8
21	小澤正人	江漢地域における秦墓の成立	12
22	焦　南峰（訳 安食多嘉子）	咸陽厳家溝陵園における考古学的発見と探索	11
23	岸本泰緒子	中国鏡の出現 ―出現期銅鏡の再検討―	14
24	岡村秀典	名工孟氏伝 ―後漢鏡の転換期に生きる―	10
25	佐藤大樹	漢代墓葬出土銭の研究 ―洛陽・西安周辺の事例から―	13
26	三宅俊彦	清代の銭貨流通	16
	第Ⅱ部　周辺地域編		
27	酒井清治	日韓の甑と有孔広口壺	11
28	千葉基次	銅斧と銅剣の鋳型 ―遼東青銅器文化考・3―	12
29	早乙女雅博	高句麗東山洞壁画古墳出土の青磁獅子形燭台	13
30	寺前直人	弥生時代研究と侵略戦争 ―弥生式土器文化起源論における石器研究の役割―	10
31	設楽博己	日本列島における方相氏の起源をめぐって	12
32	杉山浩平	西の船・東の船団	10
33	利部　修	日本の神仙思想と道教的信仰 ―鳥・鳳凰・朱雀―	10
34	折原洋一	三角縁神獣鏡前半期の分有ネットワークの変遷	11
35	池野正男	筒形器台の分類と編年	15
36	瀧音　大	日本における勾玉研究の意義	9
37	右代啓視	北方四島の考古学的研究	16

38	淺間　陽	弥生後期十王台式期における集落の一様相 ―茨城県笠間市塙谷（はんがい）遺跡の再検討―	11
39	油布憲昭	入間川上流域の古墳時代 ―飯能市加能里遺跡の事例を中心に―	12
40	藤野一之	移民の土師器生産 ―土師器製作技法からみた平安時代の移民―	10
41	髙島裕之	GRONINGER MUSEUMの中国・日本磁器	10
42	鈴木裕子	民俗資料の貿易陶磁の壺―東京都の資料の紹介―	12
―	著　者	項　目	分量
―	酒井清治	編集後記	2
―	飯島武次先生 退職記念論文集 刊行会	執筆者一覧（五十音順）	4
―	飯島武次先生 退職記念論文集 刊行会	編者略歴	1

Z　『中華文明の考古学』〈飯島武次先生退職記念論文集〉

13	古庄博明 瀬尾晶太 澁谷麻友子 杉浦直樹 望月菜々子 高部由夏	宝莱山古墳の測量実習について	6
―	著　者	項　目	分量
―	駒沢史学会	筆者紹介・編集後記	1

2A　『駒沢史学』第82号〈飯島武次先生退職記念号〉

19	岡本佳典	岡本健児と愛媛県上黒岩岩陰遺跡	4
20	吉田博嗣	《宗教へのアプローチ〜先哲の墓所（3）》 廣瀬淡窓の墓所造営と葬送について	24
21	山川公見子	《大名墓調査の展望》 「国指定史跡深溝本光寺松平家墓所の評価と今後」	2
22	溝口彰啓	《学会動向》第5回大名墓研究会について	2
23	時枝　務	【新刊紹介】坂詰秀一著『考古遍歴鳴謝録』	2
24	石造文化財 調査研究所	【石造文化財調査研究所　彙報】	1
―	**著　者**	**項　目**	**分量**
―	石造文化財 調査研究所	福澤邦夫先生の石造物研究	―
―	松原典明	福澤邦夫先生の業績にふれて	1
―	石造文化財 調査研究所	福澤邦夫先生　主要著作目録	2
―	石造文化財 調査研究所	福澤邦夫先生寄贈石造物拓本等リスト（1）	8
―	石造文化財 調査研究所	石造文化財調査研究所規約	1

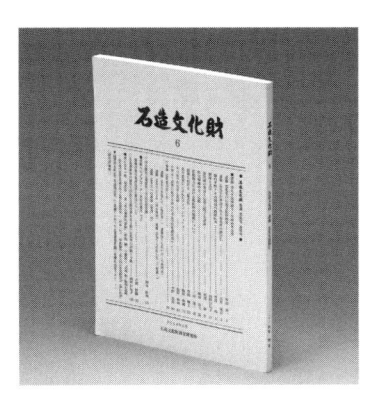

2B　『石造文化財』6〈斎藤　忠先生追悼号〉

15	平野寛之	中世在地系土器製作集団の一考察 ―埼玉県内出土火鉢の検討を通じて―	13
16	髙島裕之	日本磁器産業の成立と有田天狗谷古窯の具体像	18
17	池尻　篤	近世・近代における栢間天王山塚古墳への認識について	9
18	國見　徹	住宅地に於ける煉瓦転用の事例	4
19	今井惠昭	家族・家屋・墓	14
20	千葉基次	夏家店上層文化 ―銅冑―	12
21	飯島武次	殷代小双橋遺跡と出土陶亀	10
22	角道亮介	随州葉家山遺跡からみた西周諸侯の性格	10
23	利部　修	古代西王母の髪飾り ―その変遷と思想に関する問題―	15
24	佐藤大樹	東アジアの中の貨泉	20
―	著　者	項　目	分量

第二部　駒澤大学考古学研究室50年のあゆみ

―	駒澤大学考古学研究室	例　言	1
―	駒澤大学考古学研究室	1.駒澤大学考古学研究室の記録	17
―	駒澤大学考古学研究室	2.駒澤大学考古学研究室創立50周年によせて	―

番号	著　者	論　題　―副題―	分量
25	西　幸隆	研究会発足のころ ―自分史の1ページ―	1
26	軽部一一	駒大考古研究会の歴史（2）	2
27	古泉　弘	あなぐらの思い出	1
28	水村孝行	埼玉県人会発足の頃	1
29	岩淵一夫	考古学研究会の思い出 ―私の「青春」の一頁から―	2
30	酒井和子	栃木日産遺跡のこと	1
31	今津節生	研究者人生を変えた一言	1
32	秋元陽光	さいはての武蔵岡	2

33	國見　徹	伝承歌の追憶	1
34	稲葉昭智	昭和最後の頃の研究会員としての日常	2
35	三代俊幸	考古学研究会と倉田先生の思い出	1
36	髙島裕之	邂逅と別離の舞台 ―有田	1
37	倉澤敏一	倉田先生と田端義夫の「十九の春」	1
38	池尻　篤	滝1号墳の発掘と石室実測	1
39	中村賢太郎	「整地層」出土炭化材¹⁴C年代	1
40	浅見貴子 近藤壮悟 小林朋恵 嶋田圭吾 林　純子 髙野晶文 竹田典広 宮下　晃	駒澤考古復刊の頃の研究会活動	2
41	瀧音　大	21世紀初頭の考古学研究室について	1
42	赤星純平	考古学研究会45期の思い出	1
43	杉浦直樹	駒澤大学考古学研究会での思い出	1
―	著　者	項　目	分量
第三部　駒澤考古学のいしずえ：倉田芳郎先生著作選			
44	國見　徹	1.「零からの出発」その後	1
―	駒澤大学考古学研究室	2.倉田芳郎先生著作選	13
―	駒澤大学考古学研究室	3.倉田芳郎先生考古学関係著作目録	3
―	駒澤大学考古学研究室	駒澤大学考古学研究会2014年度活動報告	1
―	駒澤大学考古学研究室	執筆者一覧	1
―	大熊雅弘	編集後記	1

2C 『駒澤考古』第40号〈駒澤大学考古学研究室創立50周年記念号〉

2D	『考古学の諸相IV』〈坂詰秀一先生傘寿記念論文集〉		
	坂詰秀一先生傘寿記念会　縦書・B5判・478頁　2016・1		

―	著　者	項　目	分量
	坂詰秀一先生傘寿記念論文集　考古学の諸相IV		
―	坂詰秀一先生傘寿記念会	坂詰秀一先生近影	1
―	池上　悟	刊行にあたって	1
―	坂詰秀一先生傘寿記念会	（目　次）	3

番号	著　者	論　題　―副題―	分量
	第1章　縄文・弥生時代		
1	久保田正寿	両極敲打技法によって成形された石匙について	10
2	綿田弘実	千曲川下流域における縄文時代中期後葉土器群 ―長野県中野市千田遺跡の「栃倉式」土器素描―	10
3	佐藤由紀男	土器の用途からみた東北地方の弥生時代後期	10
	第2章　古墳時代		
4	高麗　正	横穴墓における墓前祭祀の過程復元と手順	10
5	日高　慎	埴輪窯構造からみた地域相研究	8
6	池上　悟	東国古墳出土の特徴的な鉄鏃	8
7	水澤幸一	古墳時代前期の両頭金具について	8
8	西原崇浩	袖ケ浦市水神下遺跡出土の小銅鐸・重圏文鏡・石製垂飾品について	10
	第3章　古代		
9	荒井健治	武蔵国府の居住動向	8
10	江口　桂	古代武蔵国府跡における掘立柱建物跡の検討	10
11	藤田富士夫	飛鳥の神奈備山と二つの寺	8
12	中山　晋	続　日本古代の氷池について	10
13	八木光則	平泉期の奥六郡	12
14	小林昭彦	大分県の古代須恵器について	10
15	上野川勝	古代山岳寺院の参道と寺域内通路について ―黒熊中西遺跡と大知波峠廃寺跡の分析を中心に―	12

16	利部　修	鴟尾の変遷と発生に関する問題	10
17	渡邊理伊知	焼失建物跡からみた蝦夷の反乱	10
18	増井有真	東山道武蔵路と武蔵国分寺	10
		第4章　中世	
19	坂本美夫	山梨県の中世石仏 ―光背型地蔵菩薩・阿弥陀如来坐像―	8
20	斎木　勝	方柱形下総型板碑の存在	10
21	唐澤至朗	光彩と来迎 ―御正体が示す異界認識―	10
22	時枝　務	中世都市と納骨霊場 ―神奈川県鎌倉市長谷寺を事例に―	10
23	野澤　均	関東の磨崖仏について	10
24	小林康幸	鎌倉・永福寺僧坊の建築遺構について ―中世寺院僧坊の一事例―	10
25	小高幸男	室町・戦国時代における饗応形態の復元 ―真里谷城跡出土資料を中心として―	12
26	足立佳代	足利市・川流山観音寺の須長家五輪塔について ―足利地域における鎌倉期五輪塔の一事例―	8
27	永越信吾	東国における中世後期の散居的集落	10
28	本間岳人	上総・願成就寺の凝灰岩製五輪塔	12
		第5章　近世及び近代	
29	渡辺　誠	小田原城の瓦	4
30	渡井英誉	山宮浅間神社に見る方形区画について	10
31	神取龍生	島原藩深溝松平家の墓制についての一考察 ―松平忠房正室　長墓の検討を中心に―	10
32	村田文夫	近世・小杉御殿跡と小杉陣屋跡の面影を探る	10
33	加藤元康	新潟県における泥面子について	10
34	中野光将	江戸遺跡から確認される麹室の形成と展開 ―主体部の変遷を中心に―	10
35	釼持輝久	戦後における小学校の歴史教育と考古学 ―旧石器時代から古墳時代まで、神奈川県横須賀市の 事例を中心に―	10

36	鈴木一男	絵葉書からみた湘南花水川橋梁	8
37	橋本裕行	明治期の日本画に描かれた考古資料	12
第6章　外国及びその他			
38	合田芳正	中国・朝鮮半島出土の錠・鍵集成	14
39	辻尾榮市	中国浙江省寧波沿海地域の古代海上交通	10
40	関　俊彦	カリフォルニアの先史時代	14
41	磯部武男	敦煌出土『破邪論』『毘尼心』断簡等の紹介	8
42	大竹憲治	河西回廊の石窟寺院に見る供養人物壁画考 ―炳霊寺石窟第169窟・敦煌莫高窟第61窟などの事例を中心に―	10
43	星野達雄	遺跡遺物写図の歴史的変遷序説 ―人は想うものを描く。想うものしか描けない。―	9
44	平田　健	坪井正五郎年賀状小考 ―人類学者の江戸趣味に関する考察―	13
45	谷口　榮	古典から考古学的風景を探る	7
46	廣田佳久	遺跡から見た高知の特色	10
47	金子浩之	『日本書紀』神代巻にみる素戔嗚尊と津波災害	10
―	著　者	項　目	分量
―	坂詰秀一先生 傘寿記念会	執筆者一覧（執筆順）	1
―	時枝　務	『考古学の諸相　Ⅳ』編集後記	1

2D　『考古学の諸相Ⅳ』〈坂詰秀一先生傘寿記念論文集〉

2E	『生産の考古学Ⅲ』〈酒井清治先生古稀記念〉 六一書房　横書・B5判・465頁　2020・12		
一	著　者	項　目	分量
		酒井清治先生古稀記念　生産の考古学Ⅲ	
一	駒澤大学考古学研究室	酒井清治先生近影	1
一	駒澤大学考古学研究室	酒井清治先生年譜	2
一	寺前直人	献呈の辞	2
一	駒澤大学考古学研究室	目　次	2
番号	著　者	論　題　―副題―	分量
1	坂下貴則	田名向原旧石器時代住居状遺構覆土の水洗選別	12
2	三浦武司	縄文時代前期末葉の沼沢火山噴火と縄文社会への影響	19
3	井出浩正	縄文時代中期における集団間交流の一様相 ―山梨県北杜市酒呑場遺跡出土土器を事例に―	14
4	設楽博己	食料生産と土器組成	19
5	淺間　陽	弥生中期・岩櫃山式における壺形土器の素描 ―文様構成による類型化の検討―	21
6	松井孝宗	山陰における弥生、古墳時代の屋内土坑について ―中央ピット、特殊ピットをめぐって―	19
7	小林孝秀	つくば市西栗山遺跡出土の多孔式甑 ―渡来系資料の評価をめぐる視点―	12
8	池野正男	「く」の字状の掛口をもつ置き竈と出土遺跡の性格	19
9	寺前直人	囲形埴輪研究序説	19
10	冨加見泰彦	井辺八幡山古墳出土の黥面埴輪について	13
11	折原　覚	栃木市七ツ塚古墳群の再検討	14
12	大江正行	群埋文研磨刀1号の検討と展開 ―上毛野型古代刀の提唱―	22
13	三原翔吾	北陸地方における古墳時代の須恵器生産の様相	15
14	藤野一之	南比企窯跡群と湖西窯跡群	11
15	後藤建一	古代須恵器生産にみる首長制の生産関係と社会的分業の展開諸相	40

16	平野寛之	山王塚古墳築造背景の考察 ―武蔵国入間評との関わりから―	19
17	田中清美	方形区画墓等にみる時代（地域）様相Ⅱ ―上総国養老川流域を主として―	19
18	清地良太	下野薬師寺203A型式軒平瓦とその同笵瓦について	9
19	新田　剛	伊勢国府跡における一枚づくり平瓦の製作痕	8
20	市川岳朗	常呂川流域における擦文文化期の坏・高坏について ―作製・施文の一考察―	27
21	瀧音　大	土製勾玉に関する基礎的研究	23
22	利部　修	日本列島の細頸壺	14
23	髙島裕之	19世紀における有田南川原山の陶磁器生産	19
24	國見　徹	建材の拡散	11
25	森屋雅幸	埋蔵文化財の保護と観光 ―活用の意識と「観光考古学」の実践を中心として―	16
26	角道亮介	西周王朝と東の彊域 ―山東地域出土青銅器銘文への分析を中心に―	13
―	著　者	項　目	分量
―	角道亮介	編集後記	1
―	酒井清治先生 古稀記念会	執筆者一覧（五十音順）	3

2E　『生産の考古学Ⅲ』〈酒井清治先生古稀記念〉

2F	『芙蓉峰の考古学Ⅱ』〈池上　悟先生古稀記念論文集〉
	六一書房　縦書・B5判・761頁　2020・12

一	著　者	項　目	分量
	池上　悟先生古稀記念論文集　芙蓉峰の考古学Ⅱ		
一	池上　悟先生古稀記念会	池上　悟先生近影	1
一	坂詰秀一	古稀を言祝ぐ	2
一	田中義昭	池上　悟学兄の古稀を祝って	2
一	広瀬和雄	〈動く横穴百科〉池上悟さん	2
一	池上　悟先生古稀記念会	池上　悟先生年譜（抄）	6
一	池上　悟先生古稀記念会	池上　悟先生主要著作目録	12
一	池上　悟先生古稀記念会	（目　録）	6

番号	著　者	論　題　―副題―	分量
	第Ⅰ部		
1	大村　裕	山内清男と森本六爾 ―「石包丁」の用途論をめぐって―	12
2	小林謙一	縄紋遺跡出土土器の数量把握の試み	12
3	中山誠二	縄文時代におけるマメ科植物の拡散に関する覚書	10
4	鈴木一男	幻の梅沢貝塚と釜野貝塚 ―湘南・二宮町の謎めいた遺跡―	8
5	綿田弘実	縄文時代中期後葉におけるジョッキ形土器	10
6	福井淳一	北海道の「盛土遺構」と「もの塚」	10
7	伊東　崇	縄文時代後期の果実酒容器について ―新潟県分谷地A遺跡を中心に―	10
8	安井千栄子	久ヶ原遺跡における方形周溝墓群の様相	8
9	加藤元康	縄文時代土坑墓の多数石鏃の背景についての試論 ―新潟県における石鏃の出土状態と観察所見から―	10

		第Ⅱ部	
10	広瀬和雄	横穴墓と首長墓 ―古墳時代政治構造への一つの接近法―	20
11	賀来孝代	古墳時代の鳳凰	10
12	松崎元樹	横穴墓の終焉と地域墓制の変容 ―武蔵多摩郡の事例から―	10
13	秋元陽光	栃木県那須郡・馬頭横穴墓群の構造と変遷	8
14	宍戸信悟	相模における後期古墳の墳丘施設について ―秦野市桜土手古墳群を中心に―	10
15	柏木善治	家屋模倣横穴墓の原点 ―家形横穴墓の日本列島における様相と遡源の検討―	10
16	日高　慎	小金井市前原横穴墓の築造とその背景 ―水・陸上交通の管理を担った人の墓―	10
17	田中　裕	横穴式石室と横穴墓の再利用	10
18	小林昭彦	横穴墓の副葬品毀損に関する一考察 ―大分県玖珠郡玖珠町所在の横穴墓例から―	10
19	大谷　徹	北島遺跡出土内行花文鏡の位置づけとその意義	10
20	小高幸男	終末期古墳の立地から見た築造理念 ―小櫃川流域における首長墓について―	14
21	水澤幸一	古墳時代前期の同時埋納鏡の鉛同位体比較 ―鉛同位体比からみた古墳時代の鏡②―	10
22	梶ヶ山眞里	中和田横穴墓群被葬者の様相	8
23	西原崇浩	発掘成果から見た千葉県袖ケ浦市中六遺跡の性格	10
24	稲田健一	海浜型古墳を考える ―ひたちなか海浜古墳群を中心に―	10
25	和田崇志	備後・三谿郡の成立過程についての一試論 ―後期古墳の分布と立地環境の検討から―	12
26	神林幸太朗	福島県須賀川市高木遺跡出土土器の容量と使用痕	10
		第Ⅲ部	
27	小森哲也	上神主・茂原官衙遺跡出土人名文字瓦の一側面 ―古墳被葬者と時を経て郡家を支えた在地有力者の相関―	12
28	井上尚明	古代の「社」を再考する	12

51	鳥越道臣 谷口有紀子	中世高瀬津について	12
52	村山 卓	群馬県前橋市「小島田供養碑」の考古学的検討 ―板碑と笠塔婆を考える―	10
53	砂生智江	武蔵型板碑における規模の変遷について ―埼玉県比企地域を中心に―	10
第Ⅴ部			
54	平田 健	考古学・人類学模型標本の原型制作者とその系譜	10
55	斎木 勝	銚子市常灯寺本堂の地鎮遺構調査	12
56	八木光則	近世・近代石碑の研究 ―岩手の事例から―	10
57	唐澤至朗	上州礫石経納経遺跡の様相（1） ―利根郡の遺跡と地域性から―	14
58	和田好史	焼酎文化圏の考古学 ―肥後国人吉藩支配領域を中心として―	10
59	利部 修	近世扇子の用途と系譜 ―画像を基に―	10
60	廣田佳久	石塀の一様相 ―吉良川町重要伝統的建造物群保存地区の「いしぐろ」について―	10
61	髙橋史朗	川越市びん沼川採集の戦争遺物 ―陶器製手榴弾弾体の考察―	12
62	國見 徹	汽車土瓶初現期の一様相	4
63	永越信吾	かわらけからみた近世初頭の村落酒宴	10
64	仲光克顕	牢屋敷の考古学 ―上水遺構を中心に―	8
65	阿部常樹	近世江戸遺跡出土のオオカミ遺体	8
66	山田雄正	近代・関東における溶結凝灰岩（白河石・芦野石）の利用について ―川越市域を中心とする石材使用事例から―	10
67	中野光将	国内出土の外国製耐火煉瓦の実態	10
68	池田奈緒子	下総型廟墓について	10

2F　『芙蓉峰の考古学II』〈池上　悟先生古稀記念論文集〉

8	利部　修	懸魚の意味と出自に関する考察 ―現代から遡る―	9
9	本間岳人	伊豆安山岩製層塔考	26
10	紺野英二	土製模造鏡小考	7
11	大久保隆史	茨城県内における古墳時代の小型埋葬施設に関する検討	8
―	著　者	項　目	分量
―	―	立正大学考古学会会則	―
―	伯耆大山	編集後記	1

2G　『考古学論究』第21号〈関　俊彦先生傘寿記念号〉

2H	『由理柵はどこに ― 由理柵を探し続けて10年 ―』〈由理柵・駅家研究会発足10周年記念誌〉由理柵・駅家研究会　横書・A4判・78頁　2021・3		

一	著　者	項　目	分量
一	小松正夫	はしがき	1
一	事務局	凡　例・〈執筆者紹介〉	1
一	事務局	（目　次）	1

番号	著　者	論　題　―副題―	分量
1	小松正夫	〈事務局の一言〉由理柵・駅家研究会10年の足跡	12
2	古泉　弘	〈発掘調査指導員の一言〉由理柵調査参加の記	2
3	利部　修	〈論文〉由理と由利の地名に関する考察	10
4	仲川成章	〈研究ノート〉百宅間道はエミシの古道	5
5	萩原洋一	〈研究ノート2〉830年天長地震での秋田城と雄物川	11
6	蝦名萬智子	〈研究ノート3〉由理柵を探す	11
7	長山　勉	〈研究ノート4〉秋田県における刀装具と秋田・正阿弥家を探る ―金銀銅杢目金のいま―	8
8	納谷信広	〈エッセイ他1〉古墳と古代城柵 〜よねしろおものこよしがわからみるゆりのさくあと〜	3
9	長谷川潤一	〈エッセイ他2〉由理柵の所在について思うこと	1
10	佐々木昌喜	〈エッセイ他3〉柵戸の神を祀る「御嶽神社」	1
11	遠藤正彦	〈エッセイ他4〉由理柵・駅家雑感 ―畑谷字元木と坂上田村麻呂―	2
12	川口洋一	〈エッセイ他5〉由理柵随想	2
13	井上雅楽緑	〈エッセイ他6〉由理柵はまぼろしか ―清明の命にあふれていたか―	2
14	遠藤　明	〈エッセイ他7〉発掘あるある人それぞれ	2
15	松永真人	〈エッセイ他8〉由理柵・駅家研究会との出会い	1
16	中川瑞穂	〈エッセイ他9〉ロマンを求めて	1
17	熊谷秋子	〈エッセイ他10〉石と土面	1
18	工藤義孝	〈エッセイ他11〉鳥の目線からの撮影 ―ドローン遺跡撮影―	1

19	冨森生子	〈エッセイ他12〉一筆啓上		1

2H 『由理柵はどこに―由理柵を探し続けて10年―』
〈由理柵・駅家研究会発足10周年記念誌〉

21	『しんぺい牧場の仲間たち』〈加藤晋平先生卒寿記念文集〉

加藤晋平先生の卒寿を祝う会　横書・A4判・148頁　2021・5

一	著　者	項　目	分量
		しんぺい牧場の仲間たち～加藤晋平先生卒寿記念文集～	
一	世話人一同	刊行にあたって	1
一	古泉　弘 （世話人一同）	大きな足あと（近影・写真）	8
一	世話人一同	目　次	1

番号	著　者	論　題　―副題―	分量
1	秋山（大代） 邦子	晋平先生の思い出	3
2	我孫子昭二	多摩ニュータウン遺跡調査会当時の加藤さん	5
3	飯島武次	加藤晋平先生との初めての発掘など	3
4	岩淵（八巻） 一夫	卒寿のお祝い、おめでとうございます	1
5	右代啓視	私の中の加藤晋平先生、これからも、そしてお元気で	4
6	臼杵　勲	加藤晋平先生との思い出	3
7	江上智恵	葛飾区のおもいで	3
8	荻野繁春	外国の学問に導いていただいた加藤晋平先生	2
9	小澤一弘	発掘調査と講義の思い出	2
10	利部　修	卒論口頭試問の頃と今	5
11	加藤真二	先生、ここまでわかってきました。	3
12	古泉　弘	倉田先生と加藤先生	2
13	越田賢一郎	加藤先生の卒寿をお祝いして	5
14	後藤雅彦	加藤晋平先生の東南中国・台湾先史文化研究への視点	2
15	小林　克	いつもニコニコの晋平先生・感謝です	3
16	小林　敬	先生・奥様へ感謝をこめて	2
17	齊藤栄一	加藤晋平先生と共に	2
18	酒井清治	葛西城の発掘とその後の調査	2

19	酒井（岡村）和子	加藤先生の思い出　原書講読・口頭試問	1
20	佐藤宏之	加藤晋平先生と北方ユーラシア学会	3
21	鈴木保彦	加藤晋平先生のこと	3
22	高橋雄三	立教大学　1962年頃	3
23	武井則道	佐渡浜端洞穴・夫婦岩洞穴の発掘	3
24	田中（団）ゑみ	加藤晋平先生の思い出	2
25	谷口　榮	市川の夜は更けて	7
26	田原良信	加藤晋平先生の思い出	5
27	田村俊之	思い出に感謝を込めて	2
28	鶴丸俊明	晋平牧場で育ちました	5
29	冨加見泰彦	加藤晋平先生の教え ―海人の世界の復元―	4
30	長瀬　衛	加藤先生との出会と考古学	2
31	中川　勝	加藤先生のこと	2
32	西　幸隆	自分史の中の加藤先生へ	6
33	橋口定志	晋平先生とのこと	6
34	服部敬史	松山廃寺と加藤晋平先生	2
35	平川善祥	加藤先生と「石刃鏃」	1
36	藤島一巳	加藤先生卒寿おめでとうございます	2
37	本郷一美	加藤晋平先生の卒寿をお祝いして	4
38	松井孝宗	千葉市上ノ台遺跡発掘調査のころ	4
39	水村孝行	北海道からの旅立ち	6
40	水村（小林）陽子	感謝！　感謝！　感謝！	3
41	三ツ木貞夫	加藤一家の中の私	3
42	三村（岩垂）由美子	私の卒業論文	2
43	三宅俊彦	加藤先生卒寿おめでとうございます	2
44	村田良介	ドライブ	2

45	森田尚宏	加藤先生との出会いと考古学	2
46	矢島國雄	加藤晋平先生のこと	2
47	袁　靖	桃李春風　玉壺冰心	4
－	著　者	項　目	分量
－	世話人一同	加藤晋平先生著作目録	10
－	世話人一同	加藤晋平先生略歴	1
－	事務局 M&T	編集後記	1
－	事務局	文集について	1

21　『しんぺい牧場の仲間たち』〈加藤晋平先生卒寿記念文集〉

2J 『考古学論究』第22号〈池上　悟先生名誉教授称号授与記念号〉
立正大学考古学会　縦書・B5判・135頁　2022・3

一	著　者	項　目	分量
		考古学論究　第22号〈池上　悟先生名誉教授称号授与記念号〉	
一	立正大学考古学会	（目　次）	2
一	立正大学考古学会	池上悟先生略歴	1
一	立正大学考古学会	池上悟先生主要著書	1
一	関　俊彦	［巻頭言］遙かな時代の人との対話　―池上　悟先生の足跡―	4

番号	著　者	論　題　―副題―	分量
1	利部　修	土崎空襲の考古学的背景　―地理的環境の遠因―	10
2	磯部武男	雑部密教における山について　―奈良・平安時代の密教と山―	11
一	立正大学考古学会	〈関連書籍の紹介〉『芙蓉峰の考古学』Ⅱ（池上悟先生古稀記念論文集）	1
3	池上　悟	松平周防守家の墓石	16
4	遠藤栄一	仙台領北辺の近世城郭　―伊沢・江刺郡の要害と所―	12
5	神林幸太朗	東北の台付甕	19
一	立正大学考古学会	『芙蓉峰の考古学』Ⅱ　―池上悟先生古稀記念論文集―　献呈論文（28ページからの続き）	1
6	本間岳人	フォトグラメトリによる銘文の記録と可視化	22
7	國見　徹	陶人舎の汽車土瓶	6
8	関　俊彦	カナダ北西海岸域の先住民　―ベラ・クーラ族―	18
9	時枝　務	山頂祭祀遺跡出土の渡来銭	12

一	著　者	項　目	分量
一	立正大学 考古学会	執筆者一覧	1
一	立正大学 考古学会	立正大学考古学会会則	1
一	立正大学 考古学会	編集後記	1

2J 『考古学論究』第22号〈池上 悟先生名誉教授称号授与記念号〉

2K 『やぁ君たち奇遇ですなぁ』〈倉田芳郎先生思い出文集〉
『倉田芳郎先生思い出文集』刊行会　横書・A4判・159頁　2022・9

一	著　者	項　目	分量
一	世話人一同	刊行にあたって	1
一	世話人一同	（遺影・写真）	12
一	世話人一同	目　次	2
一	著　者	項　目	分量
1	倉田静江	想　い	2
2	倉田牧朗	記憶に残る言葉の重み、あらためて……	4
3	相京建史	先生の想い出 ―いくつかの調査から―	4
4	青木　司	今更ながらに想う	1
5	秋元陽光	恩師　倉田芳郎先生	1
6	穴澤義功	倉田芳郎先生との旅をめぐって	2
7	飯島武次	倉田芳郎先生の思い出	2
8	池尻　篤	倉田芳郎先生の御近所さんとして	1
9	今井惠昭	倉田先生のアドバイス	3
10	今津節生	ふーん、君は本に書いてあることを信じるの？	1
11	岩淵一夫	恩師倉田芳郎先生との思い出	2
12	右代啓視	倉田芳郎先生と私の思い出	2
13	浦野千佳子	あの時も、この時も、これからも	1
14	大江正行	倉田先生のNikonS3	3
15	荻野繁春	優しさ、心遣い　満点！	3
16	小澤一弘	思い出すままに ―南総中学校遺跡・雪解沢遺跡・京都・名古屋城三の丸遺跡―	2
17	小長谷正治	伊丹での発掘調査	2
18	利部　修	倉田先生と共に、その想いを今に	4
19	上敷領久	倉田先生の思い出	2
20	上條貴志子	倉田先生・考古学研究会の思い出	1

21	國平健三	考古学研究会を発足させたころ	4
22	國見　徹	師匠との邂逅	1
23	倉澤敏一	目標とする大人	1
24	黒澤春彦	Youcandrivemycar1985	1
25	古泉　弘	大空を見よ	4
26	小松正夫	先生の一言が私の人生を……	3
27	酒井和子	ミモザに懐う	3
28	酒井清治	倉田先生と駒沢の考古学	3
29	杉田　浩	思い出　先生に感謝	3
30	諏訪間　伸	倉田先生の思い出	2
31	髙島裕之	有田天狗谷窯跡での記念写真	1
32	髙橋久美子	先生とママさんと立石の家	1
33	高橋好信	倉田先生とのこと ―思い出すままに―	3
34	武内　哲	記憶に残る倉田先生との思い出	2
35	田中清美	古墳とわたし ―倉田先生の思い出―	2
36	田原良信	倉田先生からいただいた多くの教えと思い出	4
37	田村俊之	思い出に感謝をこめて	1
38	千葉基次	叱られて……窓を開け	2
39	辻尾榮市	倉田芳郎先生の頷き	1
40	仲野泰裕	奇遇ですね	2
41	中村まゆみ	彼方の思い出	1
42	長瀬　衛	学生たちに寄り添う先生の素顔	2
43	鍋島直久	倉田先生の家庭訪問と博物館実習	1
44	西　幸隆	先生の導きと二人旅	4
45	根本直樹	2022年3月の森	3
46	長谷川秀厚	我が人生の師　倉田芳郎先生	2
47	服部　郁	とりとめのない思い出と記憶の欠落	2
48	早瀬しのぶ	倉田先生とお話しすると……	1

	著　者	項　　　目	分量
49	平川善祥	「君ねぇ〜」	1
50	冨加見泰彦	倉田先生への感謝	2
51	益子　覚	埋　火	1
52	松井孝宗	千葉市上ノ台遺跡発掘調査のころ	3
53	松田直則	倉田先生の思い出 ―石川天野遺跡・九州有田町・四国―	2
54	水村孝行	落語・寮歌・ソウル	4
55	水村陽子	倉田先生に感謝　奥様に感謝	1
56	三ッ木貞夫	鴻円会	2
57	村上泰樹	私と先生流教育術	2
58	村田良介	追試レポート	2
59	村田六郎太	倉田先生と私	2
60	森田尚宏	倉田先生との出会い	1
61	森原明廣	倉田先生との終わらない旅	2
62	藪中剛司	倉田先生の思い出	1
63	山ノ井清人	恩　師	3
―	著　者	項　　　目	分量
	倉田芳郎先生著作から		
64	倉田芳郎	土器実測図作製の試行錯誤	3
65	倉田芳郎	零からの出発	1
66	倉田芳郎	「日本考古学協会彙報」発刊の頃	2
―	世話人一同	倉田芳郎先生著作目録	3
―	世話人一同	倉田先生年譜	2
―	酒井清治	編集後記	1
―	世話人一同	文集について	1

2K 『やぁ君たち奇遇ですなぁ』〈倉田芳郎先生思い出文集〉

2L 『旃檀林の考古学II』〈大竹憲治先生古稀記念論文集〉

〈大竹憲治先生古稀記念論文集刊行会〉　横書・B5判・618頁　2022・12

一	著　者	項　目	分量
		旃檀林の考古学II　大竹憲治先生古稀記念論文集	
一	大竹憲治先生古稀記念論文集刊行会	大竹憲治先生近影	1
一	坂詰秀一	序　文	1
一	時枝　務	献呈の辞	2
一	大竹憲治先生古稀記念論文集刊行会	（目　次）	6

番号	著　者	論　題　―副題―	分量
		第I部　旧石器・縄文・弥生	
1	石川太郎	茨城県つくば市西栗山遺跡の角錐状石器	8
2	山本直人	大平山元I遺跡の年代測定資試料をめぐる諸問題	10
3	渋谷昌彦	神ノ木式土器の「縄の束」と他型式文様の研究	8
4	町田賢一	墓　考	8
5	堀越正行	寄生関係にある貝と魚からみた関東地方の縄文漁労	10
6	藤田富士夫	縄文時代の三季区分暦制説の提唱　―主に堂之上遺跡のランドスケープから―	10
7	小川和博	茨城県における縄文中期有段式竪穴建物跡の素描　―研究史を通して―	10
8	佐藤雅一	福島県に分布する馬高系土器について	12
9	長谷川豊	縄文時代中期後葉に建築された円形5本主柱型住居の規格	10
10	佐藤典邦	燕形銛頭起源論批判	10
11	木幡成雄	いわき地方における土偶概観　―愛谷遺跡の分析から―	10
12	水井幸一	ガウディ土器覚書　―阿武隈高地出土縄文後期初頭の異形注口土器―	4
13	青木秀雄	埼玉県宮代町内出土称名寺式土器に見る文様描出手法　―磨き手法について―	8

14	谷藤保彦	手燭形土偶 －群馬県石川原遺跡出土の土製品－	10
15	成田滋彦	鐸形土偶 －十腰内文化－	6
16	池畑耕一	縄文時代における南九州の道つくりの変遷	10
17	長田友也	中部地方にける縄文時代後期の小型石棒類 －遠隔地における儀器の受容について－	10
18	山本暉久	縄文時代後・晩期の円筒形深掘土坑をめぐって	10
19	吉田泰幸	縄文耳飾空間分析への一試論	10
20	阿部友寿	集落における姻族・非血縁者の存在 －縄文時代後期前葉における特定住居近接墓域との比較－	10
21	中村耕作	顔身体土器群の変遷モデル －七社宮遺跡の顔面付注口土器を理解するための試論－	10
22	石川日出志	霊山根小屋遺跡の再葬墓造営過程	6
23	野﨑欽五	龍門寺式土器研究の課題	8
24	髙島好一	いわき市漆立目遺跡出土土器 －（1）弥生後期土器を中心に－	10
25	乾　芳宏	続縄文時代における恵山文化と後北文化の石鏃 －余市町天内山と大川遺跡の例から－	10
－	－	第Ⅱ部　古代	－
26	清水宗昭	豊の出現期前方後円墳について	8
27	水澤幸一	伝中山大塚古墳出土の玉杖関連石製品 －琴柱形石製品・巴形石製品・歯車形石製品－	10
28	瓦吹　堅	矢指塚3号墳の円筒埴輪	6
29	神林幸太朗	古墳時代の東北における炉の様相Ⅱ －支脚・器台類と石添炉の関係－	10
30	上野修一	栃木県における古墳時代後期の洪水痕跡について（補遺） －那須烏山市滝田本郷遺跡を中心として－	8
31	吉田博行	喪（殯）屋に関連する遺構について	8
32	鴨志田篤二	東北太平洋岸に位置する装飾古墳について －中田横穴墓・虎塚古墳を『記・紀・風土記』から考察する－	10

33	鈴木一男	相模・堂後下横穴墓群の線刻画 ―学史に著名な線刻画の消滅―	8
34	柳沼賢治	古代箱形木棺の一例 ―郡山市南山田遺跡5号墓の鉄釘・小刀・鉄鏃―	10
35	内田律雄	出雲市天神遺跡の墨書土器 ―出雲の仁王会のこと―	6
36	島津義昭	阿蘇文化の基層 ―阿蘇神社・阿蘇修験・壽安鎮國山―	16
37	樫村宣行	日立市泉前遺跡再考	8
38	清水周作	南九州地方における古代社会と巨人伝説について	6
39	中井忠和	大猿田遺跡出土木簡に見える古代氏族の考察 ―磐城地方における常世氏と葛原部について―	10
40	井上國雄	松並平遺跡から出土した漆製品の再検討	8
	第Ⅲ部　中世・近世		
41	樫村友延	いわき地方の経塚小考	8
42	野坂知広	墳墓堂小考	8
43	坂本美夫	山梨県の中世石仏 ―地蔵菩薩立像（1）―	6
44	白岩賢一郎	慧日寺旧蔵大黒印刻板における「永喜二年」銘小考	6
45	中山雅弘	岩崎氏覚書	10
46	時枝　務	七本塔婆考 ―宮城県仙台市洞ノ口遺跡出土品を手がかりに―	8
47	田村雅樹	茨城県における中世城館に関わる覚書	4
48	中井　均	戦国時代東北の城郭石垣	8
49	鈴木　源	当目砦の縄張	6
50	山名隆弘	天下統一期大名上杉氏の鉄炮	10
51	小澤清男	寒川神社に伝来する獅子頭 ―獅子頭とその銘文から見える中世の千葉―	12
52	角田　学	奥会津に見る庚申講の一様相	4
53	関根達人	奄美群島の古墓の地域性と年代観	10
54	村山　卓	宿場町に流通した「大堀相馬焼」 ―埼玉県栗橋宿跡から出土した大堀相馬系陶器の碗類―	10

55	岡本桂典	地震・津波碑の変遷とその背景1 ―土佐の地震・津波供養石仏―	6
		第Ⅳ部　近代・学史	
56	吹野富美夫	益子焼研究の現状と課題	4
57	國見　徹	丹波立杭の汽車土瓶生産	6
58	渡辺智裕	白水阿弥陀堂等の古写真について	4
59	池上　悟	東都の石棺墓	10
60	利部　修	日本の大衆印刷物と考古学	10
61	稲垣森太	陸軍境界石再考	10
62	山田仁和	山内の夢のあとさき	8
63	大谷昌良	ある考古学徒の軌跡 ―『常陸國新治郡上代遺跡の研究』余話―	10
64	鈴木　功	白河を舞台に活躍した二人の考古学者	8
		第Ⅴ部　海外	
65	松浦宥一郎	中国西北地域出土の初期鉄器	8
66	辻尾榮市	宋代に見る造船	10
67	鯨岡勝成	観音際 ―楡林窟水月観音図から―	4
68	加納　寛	東亜同文書院生がみた20世紀前半の雲崗石窟	10
69	渡邊浩明	ソロモン王の「復活」 ―紀元前10〜9世紀の古代イスラエル―	6
70	関　俊彦	北米ワシントン州の先史太平洋域の歩み	12
―	**著　者**	**項　目**	分量
		大竹憲治先生の略歴と著作目録	
―	大竹憲治先生 古稀記念論文集 刊行会	Ⅰ　大竹憲治先生の略歴（昭和27年〜令和4年）	2
―	大竹憲治先生 古稀記念論文集 刊行会	Ⅱ　大竹憲治先生の著作目録 （『旃檀林の考古学』以降〜令和4年12月）	5
―	鈴木　源 野坂知広	あとがき	1

一	大竹憲治先生古稀記念論文集刊行会	献呈論文執筆者一覧	2
一	大竹憲治先生古稀記念論文集刊行会	大竹憲治先生古稀記念論文集刊行会組織 賛助金協力者一覧（敬称略・五十音順）	1

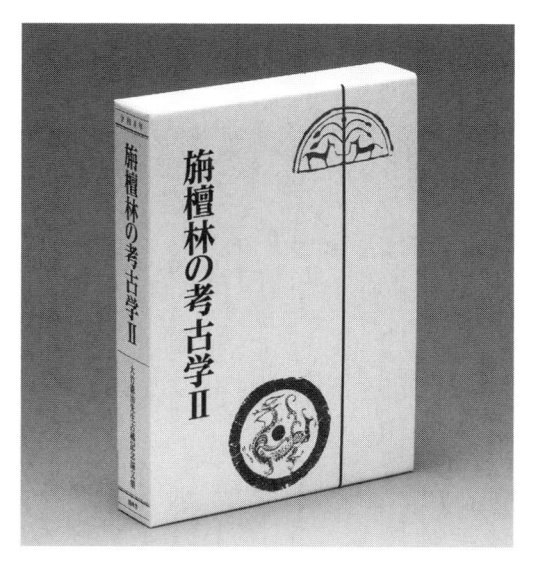

2L 『旃檀林の考古学Ⅱ』

26	唐澤至朗	中澤藤右衛門建碑譚 ―上州礫石経埋経遺跡研究断章―	10
27	吉田博嗣	二豊における儒者の葬制 ―堀川学派の墓碑を中心として―	14
	第6部　海外		
28	関　俊彦	カナダ北西海岸のトーテムポールの立つ地	12
29	磯部武男	西域出土と伝えられる断簡等の紹介（その2）	10
30	大竹憲治	古蜀・青銅製跪座像覚書 ―三星堆遺跡2号祭祀坑の資料を中心に―	6
－	著　者	項　目	分量
－	立正大学 考古学会	執筆者一覧（掲載順）	1
－	立正大学 考古学会	立正大学考古学会会則・編集後記	1

2M 『考古学論究』第23号〈『考古学の諸相』Ⅴ坂詰秀一先生米寿記念〉

2N	『古代東北の城柵・官衙遺跡』第3分冊発掘調査成果編（岩手・新潟・山形・秋田・青森県）〈古代城柵官衙遺跡検討会50周年大会記念資料集〉古代城柵官衙遺跡検討会50周年記念大会実行委員会　横書・A4判・430頁　2024・2		

―	著　者	項　目	分量
―	実行委員会	例　言	1
―	実行委員会	目　次	2

番号	著　者	論　題　―副題―	分量
		岩手県	
1	今野公顕	志波城跡	14
2	西野　修	徳丹城跡	16
3	髙橋千晶	胆沢城跡	18
4	今野公顕	小幡遺跡、林崎遺跡、大宮北遺跡	6
5	津嶋知弘	盛南地区遺跡群	11
6	今野公顕	飯岡林崎Ⅱ遺跡	2
7	津嶋知弘	大島遺跡、一本松Ⅱ遺跡	8
8	西野　修	館畑遺跡	3
9	高橋千晶	伯済寺遺跡	8
10	杉本　良	国見山廃寺跡	8
11	杉本　良	鬼柳川遺跡	4
12	今野公顕	星川遺跡、杉の上窯跡	2
13	高橋千晶	瀬谷子窯跡群	4
14	福島正和	島田Ⅱ遺跡	8
15	福島正和	沢田Ⅲ遺跡	2
		新潟県	
16	丸山一昭	八幡林官衙遺跡	10
17	丸山一昭	下ノ西遺跡	6
18	田中祐樹	今池遺跡群	7
19	田中祐樹	栗原遺跡	4
20	鹿取　渉	下国府遺跡	4

21	相田泰臣	緒立遺跡	4
22	相田泰臣	的場遺跡	4
23	田中祐樹	発久遺跡	1
24	相田泰臣	行屋崎遺跡	4
25	丸山一昭	門新遺跡	6
26	田中祐樹	横滝山廃寺跡	2
27	田中祐樹	本長者原廃寺跡	2
28	鹿取　渉	佐渡国分寺遺跡群	6
29	春日真実	梯子谷窯跡	2
30	春日真実	滝寺窯跡群・大貫窯跡群	6
31	鹿取　渉	小泊窯跡群	4
32	春日真実	その他の生産遺跡	4
		山形県	
33	渡部裕司	城輪柵跡	10
34	渡部裕司	八森遺跡	6
35	高桑弘美	俵田遺跡	4
36	加藤津奈樹	西谷地遺跡	4
37	加藤津奈樹	山田遺跡	4
38	阿部明彦	駒籠楯跡（水駅「野後駅」推定地）	9
39	佐藤智幸	大浦B遺跡	6
40	天本昌希	下長橋遺跡	4
41	高桑弘美	生石2遺跡	4
42	渡辺和行	道伝遺跡	4
43	佐藤公保	古志田東遺跡	6
44	高桑弘美	堂の前遺跡	4
45	渡辺和行	太夫小屋1遺跡	4
46	植松暁彦	その他の官衙関連遺跡	13
47	吉田　満	願瀬山古窯跡群	2
48	水戸部秀樹	泉森窯跡、泉森南窯跡	4

49	天本昌希	山海窯跡群	6
50	水戸部秀樹	平野山窯跡群	4
51	水戸部秀樹	小松原窯跡	4
52	吉田　満	三本木窯跡	2
53	吉田　満	蛇崩窯跡	2
54	天本昌希	壇山古窯跡群	6
55	植松暁彦 鈴木大輔	高安窯跡群と周辺遺跡	8
		秋田県	
56	髙橋和成	石崎遺跡	2
57	髙橋和成	中谷地遺跡	4
58	伊藤武士	秋田城跡	14
59	伊藤武士	秋田城跡鵜ノ木地区	6
60	利部　修	上谷地遺跡群	4
61	高橋　学	井岡遺跡、客殿森遺跡	3
62	髙橋和成	清水尻II遺跡、両前寺遺跡群	4
63	谷地　薫	払田柵跡、厨川谷地遺跡	22
64	高橋　学	造山地区遺跡群	5
65	島田祐悦	町屋敷遺跡	2
66	島田祐悦	手取清水遺跡	4
67	伊藤武士	海老沢窯跡	3
68	伊藤武士	新城窯跡群	8
69	伊藤武士	古城廻窯跡群	3
70	伊藤武士	手形山窯跡	3
71	島田祐悦	竹原窯跡	3
72	島田祐悦	富ヶ沢A・B・C窯跡	4
73	島田祐悦	末館窯跡	3
		青森県	
74	平山明寿	五所川原須恵器窯跡群	4

2N 『古代東北の城柵・官衙遺跡』第3分冊（岩手・新潟・山形・秋田・青森県）
〈古代城柵官衙遺跡検討会50周年大会記念資料集〉

一	著　者	項　目	分量
一	実行委員会	50周年資料集刊行委員	1

2N 『古代東北の城柵・官衙遺跡』第3分冊
（岩手・新潟・山形・秋田・青森県）
〈古代城柵官衙遺跡検討会50周年大会記念資料集〉

63	桐山秀穂	渡辺先生の思い出	2
64	大江（旧姓椎貝）秋津	渡辺先生の薫陶 ―考古学と経営学の融合・発展―	5
65	長田友也	渡辺先生の教え	4
66	鷺坂有吾	渡辺先生との思い出を振り返って	2
67	鈴木忠司	渡辺さんと発掘調査・桜前線	4
68	梅咲直照	あの頃この頃	2
69	南　博史	渡辺先生の笑顔に魅せられて	6
70	植田文雄	現場主義だった渡辺誠先生	5
71	天羽利夫	渡辺誠氏のご逝去を悼む	2
72	島津義昭	懐旧の記　黄壌に誰か我を知らむ白頭にしてなお君を憶う	7
73	奈良崎和典	渡辺誠先生	4
74	池畑耕一	渡辺誠先生と鹿児島	4
―	著　者	項　目	分量
―	山本直人	跋　文	2
―	渡辺誠先生追悼論集刊行会	渡辺誠先生　年譜	3
―	渡辺誠先生追悼論集刊行会	渡辺誠先生　著作目録	31
―	渡辺誠先生追悼論集刊行会	渡辺誠先生追悼論集刊行会組織一覧 賛助金提供者一覧（五十音順）	1
―	渡辺誠先生追悼論集刊行会	執筆者紹介（執筆順）	9
―	長田友也	あとがき	1

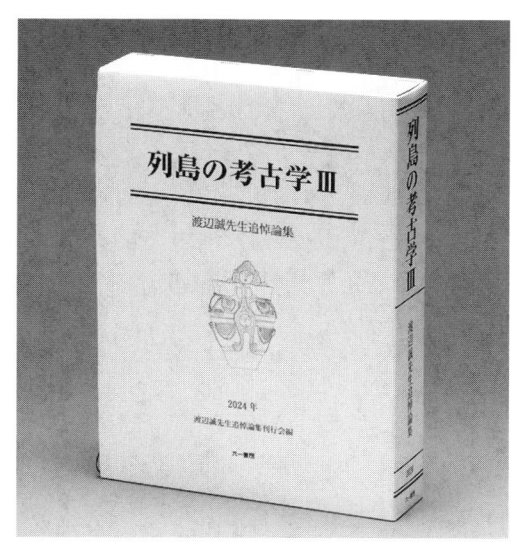

20　『列島の考古学Ⅲ』〈渡辺誠先生追悼論集〉

17	柴田知二	浄法寺城跡	6
18	菅野紀子	姉帯城跡	6
19	中山雅弘	白土城跡	6
3章　広大な城域と曲輪の用途　15〜16世紀			
20	竹井英文 齋藤慎一 中井　均	序　広大な城域と曲輪の用途 ―東北の地域性3―	12
21	布施和洋	聖寿寺館跡	6
22	五十嵐祐介	脇本城跡	6
23	山形博康	本堂城跡	6
24	伊藤清郎	左沢楯山城	6
25	竹井英文 齋藤慎一 中井　均	岩切城跡	10
26	梶原圭介	向羽黒山城跡	6
27	今野賀章	梁川城跡・桑折西山城跡	9
4章　豊臣インパクトと北の関ヶ原　16世紀後半〜			
28	竹井英文 齋藤慎一 中井　均	序　豊臣インパクトと北の関ヶ原 ―東北の地域性4―	16
29	石ケ森沙貴子	堀越城跡	6
30	柴田知二	九戸城跡	6
31	播磨芳紀	檜山城跡	6
32	齋藤　仁	山形城跡	4
33	加藤和徳	中山城跡	4
34	竹井英文 齋藤慎一 中井　均	前川本城跡	10
35	竹井英文 齋藤慎一 中井　均	三沢城跡	8
36	佐藤真由美	二本松城跡	6

37	近藤真佐夫	若松城跡	4

補論　東北の地域性をめぐって

38	中井　均	北東北と南九州の群郭式城郭	20
39	齋藤慎一	広い面積の城館 ―東北と関東以西―	12
40	竹井英文	中世東北の城館と文献史料	31
―	**著　者**	**項　目**	**分量**
―	竹井英文	あとがき	2
―	竹井英文 齋藤慎一 中井　均	執筆者一覧（掲載順、所属は2023年度現在）	1
―	―	【編者略歴】	1

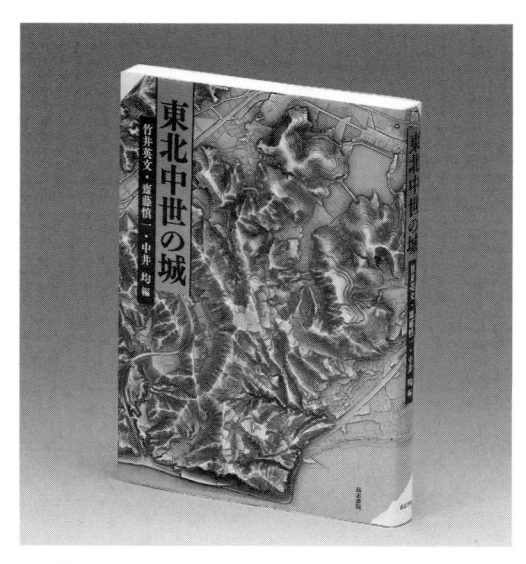

2P　『東北中世の城』〈竹井英文・齋藤慎一・中井　均編〉

17	設楽博己	盾持俑小考 ―東京大学文学部所蔵資料の紹介を兼ねて―	10
18	杉山浩平	木戸孝允がみた西洋古典文化の世界 ―ポンペイとナポリを中心に―	10
―	著　者	項　目	分量
―	駒澤大学考古学研究室	執筆者一覧（50音順　敬称略）	1

2Q 『駒澤考古』第49号〈飯島武次先生傘寿記念号〉

2R	『史峰』第52号〈坂詰秀一先生米壽記念号〉		
	新進考古学同人会　横書・B5判・80頁　2024・5		

一	著　者	項　目	分量
一	大竹憲治	〈巻頭言〉 －坂詰秀一先生米壽記念号に寄せて－	1
一	大竹憲治他	巻頭図版1	1
一	大竹憲治他	巻頭図版2	1

番号	著　者	論　題　－副題－	分量
		〈論説・論考〉	
1	関　俊彦	カリフォルニアの先住民 －ワッポ族－	8
2	野坂知広	縄文時代後晩期の焼獣骨片をめぐる研究小史	6
3	青木秀雄	埼玉県宮代町道仏遺跡における古墳時代の砥石の検討	11
4	大竹憲治	静岡県伊場遺跡と神奈川県子易・中川原遺跡の呪符木簡考 －いわき市岸遺跡の墨書土器祭祀遺構との接点－	7
5	利部　修	秋田城跡・胞衣壺埋納遺構の検討 －易の信仰軸と陰陽五行説－	12
		〈研究ノート〉	
6	長谷川豊	縄文時代中期中葉に建築された竪穴住居の尺度と規格 －長野県茅野市長峯遺跡の事例－	16
		〈資料紹介〉	
7	乾　芳宏	北海道北部の恵山式土器について －浜頓別町ベニヤ遺跡の資料－	4
8	瓦吹　堅	北茨城市背踏窯跡について	4
9	鈴木一男	近代遺産踏査メモ －神奈川県大磯町に今も残る煉瓦造の火葬場－	5
		〈坂詰秀一先生米壽記念想い出の記〉	
10	市毛美津子	坂詰先生の言葉	1
11	吹野富美夫	『歴史考古学の構想と展開』に学ぶ	1
12	白岩賢一郎	坂詰先生と鰻と古書店目録	1

一	著　者	項　目	分量
一	大竹憲治他	坂詰秀一先生の略歴と主要著書	2
一	大竹憲治他	執筆者紹介（執筆順）	1
一	潜　龍	あとがき	1

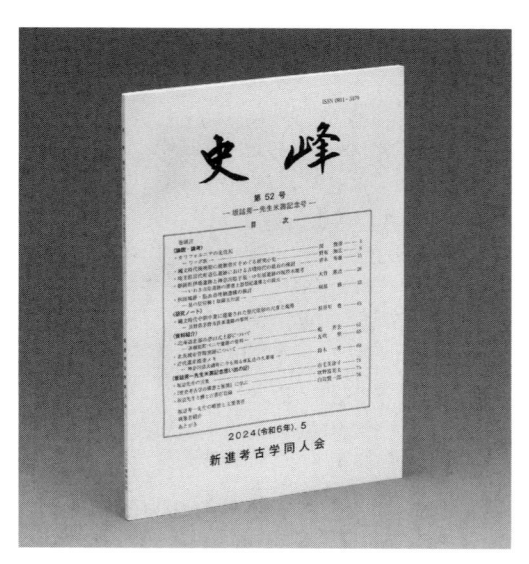

2Q　『史峰』第52号〈坂詰秀一先生米壽記念号〉

2S	『秋田史學』70〈新野直吉先生追悼〉 秋田大学史学会　縦書・A5判・67頁　2024・9		
番号	著　者	論　題　ー副題ー	分量
1	佐藤　圭	奥羽仕置と北陸大名	22
		追悼　新野直吉先生	
―	内田昌功	序	
―	秋田大学史学会	新野直吉先生　年譜と著作目録	―
―	秋田大学史学会	年譜	6
―	秋田大学史学会	著作目録	11
		新野先生を偲んで	
2	半田和彦	新野先生の想い出	1
3	佐々田亨三	東北・秋田を掘り起こし、自信と誇りを鼓舞された碩学 ー六十年に亘る御指導に感謝ー	6
4	渡部紘一	歴史の道をまっすぐに ーありし日の新野博士を偲んでー	2
5	佐々木馨	先生は私のお釈迦様	3
6	小松正夫	先生の寛大なご指導に感謝	2
7	渡部育子	天寿を全うするまで研究者であり続けた新野先生を偲んで	2
8	利部　修	両県に跨がる鳥海山	2
9	高橋　学	新野先生と払田柵跡関連遺跡の調査	2
10	谷地　薫	追悼　新野先生	2
11	髙橋　正	新野先生との思い出	2
12	吉川耕太郎	新野先生からの学び	2
13	内田昌功	晩年の新野先生と秋田大学史学会	2
14	清水翔太郎	東北帝国大学から秋田大学まで ー戦後の大学を見守られた新野直吉先生を偲んでー	1
―	著　者	項　目	分量
―	秋田大学史学会	彙報	2
―	秋田大学史学会	秋田大学史学会会則	1

| ― | 秋田大学史学会 | 投稿規定 | 1 |
| ― | 編集担当 | 編集後記 | 1 |

2S　『秋田史學』70〈新野直吉先生追悼〉

附編

利部　修・著作目録

《論稿・著書・報告書》

※網掛け欄の著作は本編にも掲載

番号	刊行年月	利部　修・著作目録（論稿・著書・報告書）	分量
1	1978.03 （昭和53）	「古墳班（L－95号墳）」『菅ノ沢遺跡・巖穴山古墳調査概報』 駒沢大学考古学研究会	29
2	1978.07	「I′－44住居址」『千葉・南総中学遺跡』先史10　駒沢大学考古 学研究室	3
3	1978.11	「（3）S－20散石」『東京・上之台遺跡』先史11　駒沢大学考古 学研究室	1
4	1980.03	「第4章　第八小学校裏遺跡A地区の調査」『東京・石川天野遺 跡1・2次調査・滝山高燥遺跡・第八小学校裏遺跡A地区』 先史20　駒沢大学考古学研究室	18
5	1981.03	共編・執筆『東京都町田市武蔵岡遺跡－1980年度調査－』先 史18　駒沢大学考古学研究室	218 図版108
6	1981.05	「土師器と須恵器」 『歴史公論』通巻66号　雄山閣	1
7	1982.02	共編・執筆『天代瓦窯遺跡－中之条古窯跡群における天代C 地区瓦窯の調査－』　中之条町教育委員会	136 図版11
8	1982.02	共編・執筆『長崎・松浦皿山窯址』先史15　駒沢大学考古学 研究室	71 図版23
9	1982.05	「長崎県松浦市皿山窯址について」 『考古学研究室彙報』第22号　立正大学文学部考古学研究室	1
10	1985.03	共著「18.　八王子市創価大学・太陽の丘遺跡の調査」 『東京都・遺跡調査研究発表会X　発表要旨』　武蔵野文化協 会考古学部会・東京都教育委員会	2
11	1986.11	「3　平安時代の検出遺構と遺物」（松木台III遺跡）　『東北横 断自動車道秋田線発掘調査報告書I－石坂台IV遺跡・石坂台 VI遺跡・石坂台VII遺跡・石坂台VIII遺跡・石坂台IX遺跡・松木台 III遺跡－』秋田県文化財調査報告書第150集　秋田県教育委 員会	34
12	1987.05	「炭焼遺構の分類」 『東京・太陽の丘遺跡』先史26　駒沢大学考古学研究室	6
13	1988.03	共編・執筆『一般国道7号八竜能代道路建設事業に係る埋蔵 文化財発掘調査報告書I－寒川I遺跡・寒川II遺跡－』 秋田県文化財調査報告書第167集　秋田県教育委員会	422
14	1989.03 （平成元）	「半仙遺跡」『東北横断自動車道秋田線発掘調査報告書III－上 野台遺跡・寺沢遺跡・半仙遺跡－』秋田県文化財調査報告書 第180集　秋田県教育委員会	143

番号	刊行年月	利部　修・著作目録（論稿・著書・報告書）	分量
15	1990.03	「諏訪台C遺跡」『平成元年度　秋田県埋蔵文化財発掘調査報告会資料』秋田県埋蔵文化財センター	3
16	1990.03	共編・執筆『諏訪台C遺跡発掘調査報告書―釈迦内地区農免農道整備事業―』秋田県文化財調査報告書第196集　秋田県教育委員会	154 図版58
17	1990.03	共著「4　秋田ふるさと村建設事業　富ヶ沢A窯跡・富ヶ沢B窯跡・富ヶ沢C窯跡・富ヶ沢1号塚・富ヶ沢2号塚・富ヶ沢3号塚・富ヶ沢4号塚」『遺跡詳細分布調査報告書』秋田県文化財調査報告書第201集　秋田県教育委員会	12
18	1990.03	「諏訪台C遺跡のⅠ・Ⅱ類土器群―土器の観察を通じて―」『研究紀要』第5号　秋田県埋蔵文化財センター	18
19	1990.05	「11　炭」『歴史考古学の問題点』　近藤出版社	6
20	1991.03	「竹原窯跡」『第17回古代城柵官衙遺跡検討会』　古代城柵官衙遺跡検討会・仙台市教育委員会	4
21	1991.03	「横手盆地の古代窯跡について―竹原窯跡を中心に―」『平成2年度　秋田県埋蔵文化財発掘調査報告会資料』秋田県埋蔵文化財センター	4
22	1991.03	編集・執筆『東北横断自動車道秋田線発掘調査報告書ⅩⅠ―竹原窯跡―』秋田県文化財調査報告書第209集　秋田県教育委員会	296 図版88
23	1991.03	編集・執筆『七窪遺跡発掘調査報告書』秋田県文化財調査報告書第215集　秋田県教育委員会	19 図版2
24	1991.03	共著「4　国道103号道路改良工事　山王岱遺跡」『遺跡詳細分布調査報告書』秋田県文化財調査報告書第217集　秋田県教育委員会	4
25	1991.03	共著「4　国道103号道路改良工事　上野遺跡」『遺跡詳細分布調査報告書』秋田県文化財調査報告書第218集　秋田県教育委員会	2
26	1991.03	共著「5　曲田地区農免農道整備事業　家ノ後遺跡」『遺跡詳細分布調査報告書』秋田県文化財調査報告書第219集　秋田県教育委員会	6
27	1991.03	共著「5　曲田地区農免農道整備事業　上聖遺跡」『遺跡詳細分布調査報告書』秋田県文化財調査報告書第220集　秋田県教育委員会	3

番号	刊行年月	利部　修・著作目録（論稿・著書・報告書）	分量
28	1991.03	「竹原窯跡における坏蓋の変化」 『研究紀要』第6号　秋田県埋蔵文化財センター	16
29	1991.07	「5　秋田県大館市諏訪台C遺跡」 『日本考古学年報』42（1989年度版）　日本考古学協会	5
30	1992.03	共著「1　東北横断自動車道東和秋田線建設事業　岩瀬遺跡」 『遺跡詳細分布調査報告書』秋田県文化財調査報告書第226 集　秋田県教育委員会	4
31	1992.03	「竹原窯跡の須恵器編年」 『研究紀要』第7号　秋田県埋蔵文化財センター	23
32	1992.08	「秋田県・横手地方の須恵器編年」 『東日本における古代・中世窯業の諸問題』 大戸古窯跡群検討会・会津若松市教育委員会他	10
33	1992.09	「秋田県」 『古墳時代の竈を考える』第2分冊　埋蔵文化財研究会	5
34	1993.03	共著「1　東北横断自動車道遠野秋田線建設事業　上谷地遺 跡」『遺跡詳細分布調査報告書』秋田県文化財調査報告書第 239集　秋田県教育委員	2
35	1993.03	「下藤根遺跡出土土師器の再検討―東北地方北部における位 置付けを中心に―」 『研究紀要』第8号　秋田県埋蔵文化財センター	25
36	1994.03	「岩瀬遺跡」 『平成5年度　秋田県埋蔵文化財発掘調査報告会資料』 秋田県埋蔵文化財センター	3
37	1994.03	編集・執筆『東北横断自動車道秋田線発掘調査報告書ⅩⅥ ―上谷地遺跡―』秋田県文化財調査報告書第241集　秋田県 教育委員会	200
38	1994.11	「岩瀬遺跡と草創期の遺構・遺物」 『月刊考古学ジャーナル』第382号　ニュー・サイエンス社	4
39	1994.03	「払田柵跡の平瓦渦巻文考」 『研究紀要』第9号　秋田県埋蔵文化財センター	9
40	1995.02	「横手盆地の古代遺跡と払田柵跡」 『第21回古代柵官衙遺跡検討会資料』　古代柵官衙遺跡検討会	7
41	1995.03	「第3篇　古代」 『西仙北町』　西仙北町	52
42	1995.03	「砂底須恵器の一考察」 『研究紀要』第10号　秋田県埋蔵文化財センター	7

番号	刊行年月	利部　修・著作目録（論稿・著書・報告書）	分量
43	1995.03	「十二林遺跡」 『能代市史　資料編　考古』　能代市	24
44	1996.01	「北日本の須恵器についての一考察」 『考古学の諸相』　坂詰秀一先生還暦記念会	20
45	1996.03	「平成7年度の県内発掘調査について」〈歴史情報〉　『秋田歴研協会誌』創刊号　秋田県歴史研究者・研究団体協議会	1
46	1996.03	編集・執筆『東北横断自動車道秋田線発掘調査報告書ⅩⅩⅡ―岩瀬遺跡―』秋田県文化財調査報告書第263集　秋田県教育委員会	444 図版83
47	1996.03	共著「1　森吉山ダム建設事業　（2）漆下遺跡（外24遺跡）」 『遺跡詳細分布調査報告書』秋田県文化財調査報告書第267集　秋田県教育委員会	56
48	1996.03	共著「竹原窯跡出土須恵器の胎土分析」 『研究紀要』第11号　秋田県埋蔵文化財センター	22
49	1997.02	「平安時代東北の長頸瓶」 『生産の考古学』　同成社	8
50	1997.03	共著「1　森吉山ダム建設事業　（2）桐内A遺跡・桐内B遺跡」 『遺跡詳細分布調査報告書』秋田県文化財調査報告書第270集　秋田県教育委員会	6
51	1997.03	「出羽地方の丸底長胴甕をめぐって」 『研究紀要』第12号　秋田県埋蔵文化財センター	18
52	1997.05	「第8節　東北西部―秋田県の事例と検討―」 『古代の土師器生産と焼成遺構』　真陽社	16
53	1997.06	共著「秋田県の貿易陶磁器」 『東北の貿易陶磁』　日本貿易陶磁研究会	10
54	1997.10	「北部日本海側における須恵器生産の特質」 『日本考古学協会1997年度大会　研究発表要旨』　日本考古学協会	2
55	1997.10	「辺境における出羽北半の窯跡出土須恵器」 『日本考古学協会1997年度秋田大会　蝦夷・律令国家・日本海―シンポジウムⅡ・資料集―』　日本考古学協会1997年度秋田大会実行委員会	32
56	1998.02	「秋田県岩瀬遺跡における草創期の石器群」 『列島の考古学』　渡辺誠先生還暦記念論集刊行会	19
57	1998.03	共著「1　森吉山ダム建設事業　（2）鷲ノ瀬遺跡」『遺跡詳細分布調査報告書』秋田県文化財調査報告書第281集　秋田県教育委員会	4

番号	刊行年月	利部　修・著作目録（論稿・著書・報告書）	分量
58	1998.03	共著「1　森吉山ダム建設事業　（3）地蔵岱遺跡・地蔵岱A遺跡』『遺跡詳細分布調査報告書』秋田県文化財調査報告書第282集　秋田県教育委員会	7
59	1998.03	共著「1　森吉山ダム建設事業　（4）惣瀬遺跡』『遺跡詳細分布調査報告書』秋田県文化財調査報告書第281集　秋田県教育委員会	4
60	1998.03	「東北以北の双耳坏と環状凸帯付長頸瓶」『研究紀要』第13号　秋田県埋蔵文化財センター	11
61	1998.03	共著「8　主要地方道入道崎寒風山線緊急地方道路整備事業（1）泉野冷水遺跡』『遺跡詳細分布調査報告書』秋田県文化財調査報告書第281集　秋田県教育委員会	10
62	1998.03	共著「8　主要地方道入道崎寒風山線緊急地方道路整備事業（2）中野遺跡』『遺跡詳細分布調査報告書』秋田県文化財調査報告書第282集　秋田県教育委員会	9
63	1999.03	「秋田県考古学関係文献抄録（1）―須恵器・瓦―」『研究紀要』第14号　秋田県埋蔵文化財センター	7
64	1999.03	「5　秋田県」『考古学論究』第5号〈特集　出土仏具の世界〉　立正大学考古学会	4
65	1999.05	「5　秋田県」『出土仏具の世界』　甄全舎	4
66	2000.01	「秋田県岩瀬遺跡における早期の石器群」『関　俊彦先生還暦記念論集』　立正大学考古学会	20
67	2000.03	編集・執筆『館の上遺跡―一般国道7号琴丘能代道路建設事業に係る埋蔵文化財発掘調査報告書VII―』秋田県文化財調査報告書第298集　秋田県教育委員会	178図版54
68	2000.03	「秋田県考古学関係文献抄録（2）―文化財の保護・行政・教育…①―」『研究紀要』第15号　秋田県埋蔵文化財センター	11
69	2000.07	「5　秋田県」『日本考古学年報51（1998年度版）』　日本考古学協会	5
70	2000.08	「平安時代の砂底土器と東北北部型長頸瓶」『月刊考古学ジャーナル』第462号　ニュー・サイエンス社	5
71	2001.03	共著「（7）県営ほ場整備事業土崎・小荒川地区　厨川谷地・厨川谷地II遺跡』『遺跡詳細分布調査報告書』秋田県文化財調査報告書第324集　秋田県教育委員会	8

番号	刊行年月	利部　修・著作目録（論稿・著書・報告書）	分量
72	2001.03	「古館堤頭Ⅱ遺跡」 『平成12年度　秋田県埋蔵文化財発掘調査報告会資料』 秋田県埋蔵文化財センター	2
73	2001.10	「須恵器長頸瓶の系譜と流通－北日本における特質－」 『日本考古学』第12号　日本考古学協会	13
74	2001.11	「列島北域の長頸瓶」 『古代土器研究－律令的土器様式の西・東6　須恵器の製作 技法とその転換－』　古代の土器研究会	12
75	2001.12	「横手盆地の須恵器窯跡とその製品」 『秋田歴研協会誌』第18号　秋田県歴史研究者・研究団体協 議会	5
76	2002.03	共編・執筆『古館堤頭Ⅱ遺跡－一般県道森岳鹿渡線地方道踏 切除却工事に係る埋蔵文化財発掘調査報告書』秋田県文化 財調査報告書第338集　秋田県教育委員会	164 図版64
77	2002.03	「(7)芋川災害復旧等関連緊急事業　菖蒲崎貝塚」『遺跡詳細 分布調査報告書』秋田県文化財調査報告書第342集　秋田県 教育委員会	16
78	2002.05	「出羽北半・横手盆地の装飾を施した須恵器－竹原窯跡と富ヶ 沢窯跡群を中心に－」 『地域考古学の展開－村田文夫先生還暦記念論文集－』 村田文夫先生還暦記念論文集刊行会	15
79	2003.03	編集・執筆『開防遺跡・貝保遺跡－主要地方道秋田八郎潟線 高速交通関連道路整備事業に係る埋蔵文化財発掘調査報告 書－』秋田県文化財調査報告書第361集　秋田県教育委員会	203
80	2003.03	共著「(1)日本海沿岸東北自動車道建設事業　③堤沢山遺跡」 『遺跡詳細分布調査報告書』秋田県文化財調査報告書第365 集　秋田県教育委員会	8
81	2003.03	共著「(2)国道7号琴丘能代道路建設事業」『遺跡詳細分布 調査報告書』秋田県文化財調査報告書第365集　秋田県教育 委員会	8
82	2003.03	共著「(3)都市計画街路秋田中央道路建設事業　①久保田城 跡」『遺跡詳細分布調査報告書』秋田県文化財調査報告書第 365集　秋田県教育委員会	19
83	2003.03	共著「(4)秋田県教育・福祉総合施設整備事業　①東根小屋 町遺跡」『遺跡詳細分布調査報告書』秋田県文化財調査報告書 第365集　秋田県教育委員会	11
84	2003.03	「秋田県考古学関係文献抄録 (3)－石造物（塔・神仏など）－」 『研究紀要』第17号　秋田県埋蔵文化財センター	8

番号	刊行年月	利部　修・著作目録（論稿・著書・報告書）	分量
85	2004.03	「秋田県考古学関係文献抄録（4）－城館・防御性集落・城柵（秋田城跡・払田柵跡を除く）－」 『研究紀要』第18号　秋田県埋蔵文化財センター	10
86	2004.06	「出羽北部の須恵器窯」 『須恵器窯構造資料集2－8世紀中頃～12世紀を中心にして－』窯跡研究会	8
87	2004.09	「4　秋田の古墳時代土器とその遺跡」 『出羽の古墳時代』奥羽史研究叢書8　高志書院	12
88	2004.09	「東北地方の遠賀川系壺－地蔵田B遺跡と館の上遺跡を中心に－」 『北方世界からの視点－ローカルからグローバル－』北海道出版企画センター	18
89	2005.03	「第1節　検出遺構」〈第4章　調査の記録〉　『東根小屋町遺跡－秋田県教育・福祉複合施設整備事業に係る埋蔵文化財発掘調査報告書－』秋田県文化財調査報告書第387集　秋田県教育委員	33
90	2005.03	共著「（5）国道105号国道道路改築事業　家ノ前遺跡」 『遺跡詳細分布調査報告書』秋田県文化財調査報告書第401集　秋田県教育委員会	8
91	2005.03	「秋田県考古学関係文献抄録（5）－陶磁器・焼き物とその窯跡－」 『研究紀要』第19号　秋田県埋蔵文化財センター	6
92	2005.03	「出羽庄内地方の須恵器器種」 『歴史智の構想－歴史哲学者鯨岡勝成先生追悼論文集－』鯨岡勝成先生追悼論文集刊行会	10
93	2006.01	「出羽南半山形盆地の須恵器器種」 『考古学の諸相II－坂詰秀一先生古稀記念論文集－』坂詰秀一先生古稀記念会	13
94	2006.03	「立正大学での3年間」 『考古学論究』第11号〈坂詰秀一先生古稀記念号〉　立正大学考古学会	2
95	2006.03	編集・執筆『久保田城跡・藩校明徳館跡－秋田中央道路建設事業に係る埋蔵文化財発掘調査報告書－』秋田県文化財調査報告書第412集　秋田県教育委員会	94 図版35
96	2006.03	共著「（3）高速交通関連道路整備事業県道能代五城目線　①鹿渡渉I遺跡」『遺跡詳細分布調査報告書』秋田県文化財調査報告書第413集　秋田県教育委員会	2

番号	刊行年月	利部　修・著作目録（論稿・著書・報告書）	分量
97	2006.03	共著「(3) 高速交通関連道路整備事業県道能代五城目線②鹿渡渉Ⅱ遺跡」『遺跡詳細分布調査報告書』秋田県文化財調査報告書第414集　秋田県教育委員会	8
98	2006.03	共著「(3) 高速交通関連道路整備事業県道能代五城目線③樋向Ⅰ遺跡」『遺跡詳細分布調査報告書』秋田県文化財調査報告書第415集　秋田県教育委員会	7
99	2006.03	共著「(3) 高速交通関連道路整備事業県道能代五城目線④樋向Ⅱ遺跡」『遺跡詳細分布調査報告書』秋田県文化財調査報告書第416集　秋田県教育委員会	7
100	2006.03	共著「(3) 高速交通関連道路整備事業県道能代五城目線⑤樋向Ⅲ遺跡」『遺跡詳細分布調査報告書』秋田県文化財調査報告書第417集　秋田県教育委員会	8
101	2006.03	共著「(3) 高速交通関連道路整備事業県道能代五城目線⑥大沢Ⅰ遺跡」『遺跡詳細分布調査報告書』秋田県文化財調査報告書第418集　秋田県教育委員会	7
102	2006.03	共著「(3) 高速交通関連道路整備事業県道能代五城目線⑦大沢Ⅱ遺跡」『遺跡詳細分布調査報告書』秋田県文化財調査報告書第419集　秋田県教育委員会	7
103	2006.03	「秋田県考古学関係文献抄録（6）―弥生時代―」『研究紀要』第20号　秋田県埋蔵文化財センター	10
104	2006.05	「出羽北半の須恵器器種」『陶磁器の社会史―吉岡康暢先生古希記念論集―』　桂書房	12
105	2007.01	「長頸瓶の製作技術とロクロの性能―平安時代の北日本における技術推移―」『考古学の深層―瓦吹堅先生還暦記念論文集―』瓦吹堅先生還暦記念論文集刊行会	12
106	2007.03	編集・執筆『虚空蔵大台滝遺跡―主要地方道秋田御所野雄和線秋田空港アクセス道路整備事業に係る埋蔵文化財発掘調査報告書―』秋田県文化財調査報告書第416集　秋田県教育委員会	194 図版59
107	2007.03	共編・執筆『三ヶ田館跡―地方道路交付金事業根瀬尾去沢線に係る埋蔵文化財発掘調査報告書―』秋田県文化財調査報告書第417集　秋田県教育委員会	200
108	2007.03	「秋田県考古学関係文献抄録（7）―旧石器時代―」『研究紀要』第21号　秋田県埋蔵文化財センター	4
109	2007.05	「Ⅹ．秋田県域」〈第Ⅱ章　東北・北海道における6〜8世紀の土器変遷と地域の相互関係〉『古代東北・北海道におけるモノ・ヒト・文化交流の研究』　辻　秀人・東北学院大学文学部	19

番号	刊行年月	利部　修・著作目録（論稿・著書・報告書）	分量
110	2007.11	「虚空蔵大台滝遺跡のかわらけ―北奥羽における編年学的位置付け―」 『列島の考古学Ⅱ』　渡辺誠先生古希記念論文集刊行会	12
111	2008.03	編集・執筆　『鹿渡渉Ⅱ遺跡・樋向Ⅰ遺跡・樋向Ⅱ遺跡・樋向Ⅲ遺跡・大沢Ⅰ遺跡・大沢Ⅱ遺跡―高速交通関連道路整備事業県道能代五城目線に係る埋蔵文化財発掘調査報告書―』秋田県文化財調査報告書第436集　秋田県教育委員会	178
112	2008.03	「秋田県考古学関係文献抄録（8）―縄文時代①―」 『研究紀要』第22号　秋田県埋蔵文化財センター	12
113	2008.04	『出羽の古代土器』　同成社	308
114	2008.09	「虚空蔵大台滝遺跡の呪術・祭祀・信仰―平安時代後半と中世後葉の心象風景―」 『生産の考古学Ⅱ』　同成社	12
115	2009.03	「秋田県考古学関係文献抄録（9）―縄文時代②―」 『研究紀要』第23号　秋田県埋蔵文化財センター	5
116	2009.03	「北海道・東北ブロック会議」『公立埋文協会報』第42回 全国公立埋蔵文化財センター連絡協議会	1
117	2010.05	「第3節　半地下天井架構式窯―関東・東北の事例から―」 『古代窯業の基礎研究―須恵器窯の技術と系譜―』　真陽社	16
118	2010.06	『秋田県考古学関係文献抄録（10）―秋田城跡・払田柵跡―』 自家発行	11
119	2010.07	「本州北端の刻書土器―北方域の研究史と系譜―」 『北方世界の考古学』　すいれん舎	22
120	2010.12	「本州北端の刻書土器―数字様記号について―」 『芙蓉峰の考古学―池上悟先生還暦記念論文集―』 六一書房	10
121	2011.01	「2　石器・石製品」〈第5節　出土遺物〉　『漆下遺跡―森吉山ダム建設事業に係る埋蔵文化財発掘調査報告書ⅩⅩⅢ―第1分冊本文篇』秋田県文化財調査報告書第464集　秋田県教育委員会	11
122	2011.08	「本州北端の刻書土器―道教的信仰から見た「木」の考察―」 『旃檀林の考古学―大竹憲治先生還暦記念論文集―』 大竹憲治先生還暦記念論文集刊行会	14
123	2011.12	「虚空蔵大台滝遺跡―清原氏の城館―」 『前九年・後三年合戦―11世紀の城と館―』　高志書院	6

番号	刊行年月	利部　修・著作目録（論稿・著書・報告書）	分量
124	2012.03	「第1章　重要遺跡調査事業の概要」『秋田県重要遺跡調査報告書Ⅲ－高野遺跡－』秋田県文化財調査報告書第477集　秋田県教育委員会	1
125	2013.02	「由利地域の古代生産遺跡－須恵器・鉄・炭・塩・稲－」『古代由理柵の研究』　高志書院	26
126	2013.05	「本州北端の刻書土器－「八」の基礎的考察－」『考古学の諸相Ⅲ』　坂詰秀一先生喜寿記念会	10
127	2014.03	「秋田城跡出土の龍絵塼と人物絵塼の評価」『研究紀要』第28号　秋田県埋蔵文化財センター	10
128	2014.03	「日本の神仙思想と道教的信仰－烏・鳳凰・朱雀－」『中華文明の考古学』　同成社	10
129	2014.03	「本州北端の刻書土器－日本列島の×形文図像から－」『駒沢史学』第82号　駒沢史学会	14
130	2014.04	「亀趺碑の発祥と伝播に関する試論」『石造文化財』6　雄山閣	10
131	2014.08	「秋田県・払田柵跡」『月刊考古学ジャーナル』第659号　ニュー・サイエンス社	3
132	2015.06	「古代西王母の髪飾り－その変遷と思想に関する問題－」『駒澤考古』第40号　駒沢大学考古学研究室	15
133	2016.01	「鴟尾の変遷と発生に関する問題」『考古学の諸相Ⅳ』　坂詰秀一先生傘寿記念会	10
134	2016.02	「製鉄専業の新集落も」〈片貝家ノ下遺跡4〉『秋田さきがけ』　秋田魁新報社	－
135	2017.03	「古代土器の製作過程と技法の表記」『研究紀要』第31号　秋田県埋蔵文化財センター	12
136	2017.11	「第4節　三巴文の概要と展開－瓦当文と図像の検討から－」『「心象考古学」の試み－造形物の心性を読み解く－』雄山閣	25
137	2017.11	『「心象考古学」の試み－造形物の心性を読み解く－』雄山閣	244
138	2017.12	「平安仏教の×形文－真言密教との関連で－」『考古学論究』第19号　立正大学考古学会	11
139	2018.02	「絵や文様に見る心の発展」『秋田さきがけ』　秋田魁新報社	－

番号	刊行年月	利部　修・著作目録（論稿・著書・報告書）	分量
140	2018.03	編集・執筆『片貝遺跡－大館工業団地開発事業に係る埋蔵文化財発掘調査報告書－』秋田県文化財調査報告書第509集　秋田県教育委員会	176 図版50
141	2018.03	共著『町村II遺跡－地方道路等整備事業（建設）主要地方道秋田八郎潟線（町村工区）に係る埋蔵文化財発掘調査報告書－』秋田県文化財調査報告書第510集　秋田県教育委員会	133
142	2018.03	「仏教の「三十三」数字考－33年の節目に－」『研究紀要』第32号　秋田県埋蔵文化財センター	10
143	2018.12	「近世×形文の変容」『秋田考古学』第62号　秋田考古学協会	10
144	2019.03 （令和元）	「唐草花文の分類と変遷」『考古学論究』第20号　立正大学考古学会	11
145	2019.05	『考古学研究とその多様性－東北からの視座－』　雄山閣	246
146	2019.05	「（5）境界域東北の須恵器－古墳時代－」〈セッション1〉『日本考古学協会第85回総会研究発表要旨』　日本考古学協会	2
147	2019.05	「秋田県の考古学史」『月刊考古学ジャーナル』第725号　ニュー・サイエンス社	3
148	2020.02	「報告2　出羽国北半の未発見城柵（2）－由理柵－」『第46回　古代城柵官衙遺跡検討会　資料集』　第46回事務局・秋田県教育庁払田柵跡調査事務所	20
149	2020.11	「雄勝城の所在地　新視点で探る」『秋田さきがけ』　秋田魁新報社	－
150	2020.12	「日本列島の細頸壺」『生産の考古学III』　六一書房	14
151	2020.12	「近世扇子の用途と系譜－画像を基に－」『芙蓉峰の考古学II－池上悟先生古稀記念論文集－』六一書房	10
152	2021.03	「懸魚の意味と出自に関する考察－現代から遡る－」『考古学論究』第21号　立正大学考古学会	9
153	2021.03	「由理と由利の地名に関する考察」『由理柵はどこに－由理柵を探し続けて10年－』由理柵・駅家関連遺跡発掘調査別集　由理柵・駅家研究会	10
154	2021.05	「卒論口頭試問の頃と今」『しんぺい牧場の仲間たち～加藤晋平先生卒寿記念文集～』加藤晋平先生の卒寿を祝う会	5

番号	刊行年月	利部　修・著作目録（論稿・著書・報告書）	分量
155	2021.05	「由理柵と横手盆地―律令政府の進出―」 『鶴舞』第107号　本荘地域文化財保護協会	21
156	2021.11	「5　秋田県」 『日本考古学年報73（2020年度版）』　日本考古学協会	4
157	2021.12	「現代的竜の素描―『秋田県曹洞宗寺伝大要』より―」 『秋田考古学』第64・65号　秋田考古学協会	12
158	2021.12	「大野憲司さんを偲ぶ」 『秋田考古学』第64・65合併号　秋田考古学協会	2
159	2022.02	「虚空蔵大台滝遺跡を通じて―城郭構造の視点から―」 『岩手大学平泉文化研究センター年報』第10集　国立大学法人岩手大学平泉文化研究センター	22
160	2022.03	「上谷地遺跡隣接地」『令和3年度　秋田県埋蔵文化財発掘調査報告会資料』　秋田県埋蔵文化財センター	1
161	2022.03	「土崎空襲の考古学的背景―地理的環境の遠因―」 『考古学論究』第22号　立正大学考古学会	10
162	2022.05	「西ノ浜台地遺跡を現代に誘う―城郭の評価と活用―」 『鶴舞』第108号　本荘地域文化財保護協会	16
163	2022.09	「倉田先生と共に、その想いを今に」 『やぁ君たち奇遇ですなぁ―倉田芳郎先生思い出文集―』 『倉田芳郎先生思い出文集』刊行会	4
164	2022.10	『考古学の成果と現代―地域・列島、戦争遺跡―』　雄山閣	231
165	2022.11	「虚空蔵大台滝遺跡を通じて―城郭構造の視点から―」 〈論文展望〉『季刊考古学』第161号　雄山閣	1
166	2022.12	「日本の大衆印刷物と考古学」 『旃檀林の考古学Ⅱ』　大竹憲治先生古稀記念論文集刊行会	10
167	2022.12	「虚空蔵大台滝遺跡の概要と城郭正面観」 〈令和4年度後三年合戦シンポジウム〉　『金沢柵を考える』 横手市教育委員会	8
168	2022.12	「『通論考古学』刊行100年―敗戦と恩師の来し方―」 『秋田考古学』第66号　秋田考古学協会	8
169	2023.05	「考古学における「城郭」用語」 『鶴舞』第109号　本荘地域文化財保護協会	9
170	2023.12	「秋田城跡出土第3号木簡の解釈とその意義」 『秋田考古学』第67号　秋田考古学協会	10

番号	刊行年月	利部　修・著作目録（論稿・著書・報告書）	分量
171	2024.01	「三角縁神獣鏡—傘松形の出自に関連して—」 『考古学論究』第23号　立正大学考古学会	14
172	2024.02	「上谷地遺跡群」 『古代東北の城柵・官衙遺跡』第3分冊　発掘調査成果編（岩手・新潟・山形・青森県）　古代城柵官衙遺跡検討会50周年記念大会実行委員会	4
173	2024.03	「上野小館跡隣接地」 『令和5年度　秋田県埋蔵文化財発掘調査報告会資料』 秋田県埋蔵文化財センター	1
174	2024.03	「陰陽五行説の理論と図化—秋田城跡出土資料の検討—」 『列島の考古学Ⅲ』　六一書房	11
175	2024.03	「土崎空襲の記憶を礎に—戦跡考古資料の視点から—」 『出羽路』第164号　秋田県文化財保護協会	10
176	2024.05	「虚空蔵大台滝遺跡」 『東北中世の城』　高志書院	6
177	2024.05	「方格規矩四神鏡—後漢鏡とそれ以降—」 『駒澤考古』第49号〈飯島武次先生傘寿記念論文集〉 駒澤大学考古学研究室	17
178	2024.05	「秋田城跡・胞衣壺埋納遺構の検討—易の信仰軸と陰陽五行説—」 『史峰』第52号　新進考古学同人会	12
179	2024.07	「古代出羽北半の地名と征夷—沿岸部の城柵と飽海郡—」 『鶴舞』第110号　本荘地域文化財保護協会	15
180	2024.09	「両県に跨がる鳥海山」 『秋大史學』70　秋田大学史学会	2
181	2024.10	「a.貝沢拾三本塚」 『日本石造文化事典』　朝倉書店	1
182	2024.12	「考古学の断想—自身の過去を振り返り、令和6年を考える—」 『秋田考古学』第68号　秋田考古学協会	12

※ 秋田県埋蔵文化財報告会の発表資料は、一部の掲載のみである。また簡易な発表資料等は省いている。

『出羽の古代土器』
2008　同成社

『「心象考古学」の試み
―造形物の心性を読み解く―』
2017　雄山閣

『考古学研究とその多様性
―東北からの視座―』
2019　雄山閣

『考古学の成果と現代
―地域・列島、戦争遺跡―』
2022　雄山閣

跋 文

利部　修

　本書作成の目的は序文に示した通りである。しかし、この完成に至るには紆余曲折があった。

　抑もは、還暦の後に3年間を費やした公務を解かれ、目を通していない書籍を眺めながら、少しでも効率良く活用できないかと考えたことが切っ掛けである。報告書を捲りながら、気になる箇所を抜き書きしたり付箋を貼る作業を実施したが、長続きしなかった。

　思い付いたのが、年齢を重ねることで数が増えてきた論文集の読破であった。そこで、所持する論文集で最も厚い書籍に挑戦することにした。選択したのは、『考古論集』〈河瀬正利先生退官記念事業会編〉（2004年刊行、1172頁）である。旧石器時代から近世の時代を扱い、国内は無論のこと中国・中央アジアに亘る内容である。横書なので古い方左側の1頁から始めたが、縄文時代を終えないまま挫折した。自身が身を置く環境と片手間な読書時間とのアンバランス、目標を達成することの理想と現実の乖離を実感した。

　次なる手立てとして、学んできた大学関連論集の書籍だけに絞り、論考の拾い読みを令和5年当初より試みた。その後、纏まった目次の有用性に意義を求めるようになり、自身が寄稿した記念誌を中心に目録作成の構想が生まれてきたのであ

る。折しも、昭和49年（1974）に考古学を始めて令和6年（2024）には50周年を迎えるため、その年内を目標として前年お盆頃から作業を開始した。

　しかしながら、取り扱う内容等をどうするか、文字入力作業時間を確保できるか等の懸案事項が常に付き纏った。試行錯誤を通じて、少しずつ体裁を整えつつも、作業途中の予期せぬ事態に度々怯えていたのが実情であった。また気疲れしたのは、時間を自身の研究に費やす、老年期目録作成に費やすかの葛藤であった。

　作業の半ば令和6年1月、古代史の大家新野直吉先生が他界された。先生の晩年、拙稿の感想を頂く等、親しく接して貰う機会に恵まれ、無念な想いであった。先生に報いるためにも、目録作成を実現させたい気持ちが強くなってきた。その結果、中断せずに何とか完成に辿り着くことができたのである。単調な仕事には、忍耐を伴う報告書作りやその校正が、大いに役立ったものと思う。

　考古学50周年に当たり、目録達成に至る一齣を記してみた。

　最後に、秋田文化出版の石井春彦代表をはじめ、装丁を考察し内容を吟味して頂いた石井玲子・菊地信子のお二人に感謝申し上げます。

主要著書

『考古学の成果と現代－地域・列島、戦争遺跡－』 雄山閣 2022年

『考古学研究とその多様性－東北からの視座－』 雄山閣 2019年

『「心象考古学」の試み－造形物の心性を読み解く－』 雄山閣 2017年

『出羽の古代土器』 同成社 2008年

『長崎・松浦皿山窯址』先史15 駒沢大学考古学研究室（共著） 1981年

最近の主要論考

「古代出羽北半の地名と征夷－沿岸部の城柵と飽海郡－」『鶴舞』第110号 本荘地域文化財保護協会 2024年

「陰陽五行説の理論と図化－秋田城跡出土資料の検討－」『列島の考古学Ⅲ』 渡辺誠先生追悼論集刊行会 2024年

「土崎空襲の記憶を礎に－戦跡考古資料の視点から－」『出羽路』第164号 秋田県文化財保護協会 2024年

「三角縁神獣鏡－傘松形の出自に関連して－」『考古学論究』第23号 立正大学考古学会 2024年

「秋田城跡出土第3号木簡の解釈とその意義」『秋田考古学』第67号 秋田考古学協会 2023年

「虚空蔵大台滝遺跡を通じて－城郭構造の視点から－」『岩手大学平泉文化研究センター年報』第10集 国立大学法人岩手大学平泉文化研究センター 2022年

編者紹介

利部　修　かがぶ　おさむ

1955年秋田県大仙市協和船岡に生まれる。
1974年山形県立新庄北高等学校卒業。
1978年駒澤大学文学部歴史学科（考古学専攻）卒業。
1983年立正大学大学院文学研究科修士課程（史学専攻）終了。
1985年より秋田県埋蔵文化財センターに勤務、同センター南調査課課長、中央調査班班長、主任文化財専門員を歴任。現在、秋田考古学協会副会長、日本考古学協会会員。

私撰書・考古論稿目録
―記念誌・研究書等―

2024年12月25日　初版発行

編　者　利部　修

発　行　秋田文化出版株式会社
　　　　〒010-0942
　　　　秋田市川尻大川町２－８
　　　　ＴＥＬ（018）864－3322（代）
　　　　ＦＡＸ（018）864－3323

©2024 Japan Osamu Kagabu
ISBN978-4-87022-623-4
地方・小出版流通センター扱